¿TE VAS O TE QUEDAS?

HISTORIAS PARA LEER ANTES
DE CRUZAR LA FRONTERA

CLAUDIA PALACIOS

temas 'de hoy.

Obra editada en colaboración con Editorial Planeta Colombiana – Colombia

Diseño de portada: Departamento de diseño Grupo Planeta

© 2013, Claudia Palacios
© 2013, Editorial Planeta Colombiana S.A. – Bogotá, Colombia

Derechos reservados

© 2013, Editorial Planeta Mexicana, S.A. de C.V.
Bajo el sello editorial TEMAS DE HOY M.R.
Avenida Presidente Masarik núm. 111, 2o. piso
Colonia Chapultepec Morales
C.P. 11570, México, D.F.
www.editorialplaneta.com.mx

Primera edición impresa en Colombia: febrero de 2013
ISBN: 978-958-42-3311-0

Primera edición impresa en México: julio de 2013
ISBN: 978-607-07-1777-2

No se permite la reproducción total o parcial de este libro ni su incorporación a un sistema informático, ni su transmisión en cualquier forma o por cualquier medio, sea éste electrónico, mecánico, por fotocopia, por grabación u otros métodos, sin el permiso previo y por escrito de los titulares del *copyright*.
La infracción de los derechos mencionados puede ser constitutiva de delito contra la propiedad intelectual (Arts. 229 y siguientes de la Ley Federal de Derechos de Autor y Arts. 424 y siguientes del Código Penal).

Impreso en los talleres de Litográfica Ingramex, S.A. de C.V.
Centeno núm. 162, colonia Granjas Esmeralda, México, D.F.
Impreso en México – *Printed in Mexico*

Contenido

Dedicatoria 9

Prólogo 11

¿Por qué emigran los latinoamericanos? 19

Primera parte: El sueño americano 33

Segunda parte: La pesadilla americana 83

    Los hijos 85

    ¿Vivir mejor? 103

    ¿Los dólares caen de los árboles? 127

    Estudiantes 141

    Casarse por papeles 155

    Diferencias culturales 175

Tercera parte: Leer antes de empacar 191

¿Qué hace Latinoamérica? 193

Do's and don'ts 201

Apéndice 209

Dedicatoria

En una de las despedidas que me hicieron antes de regresar a vivir a Colombia le conté a un grupo de compañeros de trabajo sobre este libro, que para entonces no tenía título. Al verlos tan interesados en el enfoque que le di a mi libro, se me ocurrió que de esa discusión debía salir el nombre de este texto. Todos opinaron, basándose, por supuesto, en sus propias historias y en el conocimiento que tienen sobre las necesidades que tenemos los migrantes, incluidos los potenciales. De esa noche mágica y larga en la que reafirmé que la gente es lo más valioso de cualquier lugar del mundo salió *¿Te vas o te quedas?* Por eso para ellos, que están más cerca de mi corazón, pero que representan los sueños de los que en América Latina están considerando migrar, y los logros y frustraciones de los que ya lo hicieron, va dedicado este libro. Y claro, para Pablo, mi compañero de la vida a la que nací cuando él nació, de los viajes largos y cortos, de los fáciles y los difíciles. Para el Pablo migrante, el bicultural. Para Pablo, mi hijo... como todo lo que hago.

Prólogo

Llevaba menos de un año en Atlanta cuando me pregunté por primera vez si tenía sentido estar allí. La respuesta vino rápida y obvia, sí. Sí porque se me abría un mundo de interesante aprendizaje profesional y personal. Hasta ese momento evaluaba el mundo profesional con respecto a mi trayectoria en Colombia y por eso lo encontraba, ante todo, oportuno. Después de trabajar unos siete años en el vertiginoso mundo colombiano de las noticias, bajar el ritmo no estaba mal. Pero el aprendizaje personal era el que me hacía cuestionar. Había visto en un libro de cocina una receta de un jugo y quise probarlo. Pasaron varios días hasta que fui a conseguir los ingredientes al supermercado y, cuando lo preparé y lo probé, me sentí inmensamente sola. Había manejado para ir a comprar las frutas, las había pelado y cortado, había lavado la licuadora y estaba ahí sola frente a mi vaso de jugo sin más objetivo que esperar a terminarlo de beber para poder lavar el vaso. Lo sentí tan desabrido a pesar de lo provocativo que se veía, que comencé a imaginar que sabría mejor si me lo estuviera tomando en una cafetería en Colombia, mientras conversaba con algún amigo o amiga, como de vez en cuando pasaba, cuando vivía allá.

El episodio estaba olvidado y más que superado al día siguiente. Pero cuando vino la época de renovar mi contrato —el primero fue por dos años— escribí en un papel la lista de razones por las cuales quería seguir acá. Lo que resultó fue una lista de peticiones a mi jefe de aquel entonces con las que, si se cumplían, yo consideraría que la experiencia de permanecer en Atlanta podría empezar a ser satisfactoria para mí y más fructífera para la cadena. Cuando llegó la hora de la renegociación se lo dije más o menos así: "Creo que la razón por la que Dios me puso acá no fue profesional, veo que mi ganancia en este tiempo ha sido recuperar mi familia, y por eso estoy muy agradecida, pero quiero que esta experiencia también me haga crecer como periodista".

Mi llegada a Atlanta determinó que, sin planearlo, me volviera a casar con mi exesposo, de quien llevaba dos años divorciada, una experiencia que, aunque terminó en un nuevo divorcio, fue importante y positiva para mi hijo, para mí, y creo que también para él. Yo había sido contratada para presentar los noticieros del fin de semana y, entre semana, debía permanecer *on call* para reemplazar a cualquiera de los otros presentadores cuando se ausentaran por vacaciones, enfermedad o asignaciones especiales. Aunque generalmente me sobraba tiempo, siempre estaba trabajando cuando lo socialmente importante para crear lazos de amistad ocurría, algo que por cierto no hacía buena dupla con mi temperamento introvertido. Así pasaron cinco años en los cuales ocupé mi tiempo tomando cursos en las universidades de Emory y en

Georgia State. Aprendí mucho con la cobertura de todas las elecciones en América Latina, con épocas de mucha ocupación (como todo el 2008) por la cobertura del voto hispano en las elecciones que llevaron a Obama a la Casa Blanca. Eduqué a mi hijo, corrí un par de medias maratones, y administré mi casa. A propósito de esto último, nunca había imaginado la cantidad de tiempo que puede tomar coordinar el cuidado de una casa de fabricación estadounidense —estructura de madera y paredes de tríplex que se desajustan según la estación climática—, así que pasé por varios plomeros, pintores, ingenieros, cortadores de árboles y demás *handymans* para asuntos menores como humedades y moho, y mayores como la caída de un árbol sobre mi casa. Todos, por supuesto, y sin distingo del trabajo que hicieran, se fueron con uno o varios de mis cheques, que multiplicaban por cientos lo que había pagado en toda mi vida por lo que en Colombia llamamos oficios varios.

En eso se me habían ido cinco años de mi vida. Y también en encontrarme día tras día con otros inmigrantes. No podría dar una cifra científica, pero creo no equivocarme si aseguro que de los muchos que he conocido, el ochenta por ciento quisiera regresar y un cincuenta por ciento de ellos no puede o no se atreve a hacerlo. Lo veo en sus ojos. Pero además me lo han dicho, algunos incluso ya sin tristeza, que de haber sabido a lo que se enfrentaban, nunca hubieran dejado lo que tenían, a pesar de que lo creían tan poco.

La primera historia que me llamó la atención fue la de un mesero de un restaurante, graduado de administrador de empresas, que dejó su trabajo en Avianca, en donde devengaba un salario de dos millones y medio de pesos (unos mil doscientos dólares de la época) hace unos diez años. Vino porque no veía posibilidades de crecer profesional y económicamente en Colombia y, luego de cuatro años en Estados Unidos, no solo no había crecido ni en uno ni en otro sentido, sino que los ingresos que obtenía por las propinas en el restaurante le alcanzaban para lo mismo que en Bogotá su modesto salario de Avianca. Además estaba en condición de indocumentado, pues había dejado vencer su visa. Si regresaba a Colombia, a donde no quería llegar para decirles a sus antiguos compañeros, y mucho menos a quienes fueron sus subalternos, que se ganaba la vida tomando órdenes de comida, no podía volver a entrar a Estados Unidos.

Una historia lejos de parecerse a las tragedias que viven muchos en este país, pero no por ello fácil ni feliz. Una historia que es la de millones de personas que se vienen sin un plan, solo con una idea cinematográfica de la vida en Estados Unidos, y terminan viviendo unas vidas vacías de ilusiones, alegrías y estímulos. A pesar de eso, la mayoría no se atreve a regresar. Solo el cinco por ciento de los que emigra regresa a su país de origen, me dice Manuel Orozco, especialista en temas migratorios del centro de pensamiento Diálogo Interamericano. Cada vez que me encuentro una historia así, me hago la siguiente pregunta: ¿si yo, que me vine porque quise, con documentos legales, con buen trabajo y salario, sigo sintiendo que no pertenezco a este lugar a pesar del tiempo transcurrido y de los beneficios logrados, qué sienten todos ellos? ¿Qué sienten esos miles que no pueden regresar a ver a su familia, que ganan lo justo para vivir o menos, y que sin ser delincuentes tienen que vivir escondiéndose de la policía o con el miedo a que los detengan, y, peor aún, con el miedo a que los separen de sus hijos que nacieron acá?

Si bien las estadísticas de migración de latinoamericanos hacia Estados Unidos están a la baja desde hace varios años, los reportes más recientes muestran que ni siquiera la crisis económica que vive este país reduce significativamente el número de migrantes.

En su informe de 2011, la Organización Internacional para las Migraciones (OIM) dice: "A pesar de los efectos de la crisis económica global, el número total de migrantes no ha caído en años recientes. Los flujos migratorios a países desarrollados bajaron levemente al comienzo de la crisis. Por ejemplo, a Estados Unidos entraron 1 130 818 migrantes en 2009 y 1 042 625 en 2010".

Y en cuanto al 2011, según la oficina del censo estadounidense, la inmigración hacia el país tuvo su menor crecimiento en una década: 400 000 inmigrantes, el 52 por ciento de ellos latinoamericanos, mientras que en el año anterior los hispanos representaron más del 54 por ciento del flujo migratorio. Además de la crisis económica en Estados Unidos (el índice de pobreza subió del 15,3 por ciento en 2010 al 15,9 por ciento en 2011) y afecta más crudamente a las familias hispanas, donde una de cada ocho logra comer solo porque recibe subsidios de alimentación.

La mayor vigilancia en la frontera, el incremento de las deportaciones (no olvidar que el gobierno de Obama ha deportado más hispanos que todos su predecesores) y la disminución de la tasa de natalidad en países como México, son otras razones para esta reducción migratoria. No obstante lo anterior, la realidad es que muchos llegan sin hoja de ruta, ignorantes de lo básico que deben hacer para, al menos, procurarse algo del paraíso que se imaginan. Dan tan por sentado lo que tienen que ni siquiera valoran lo que significaría perderlo y, por eso, no lo ponen como uno de los pesos en la balanza que les ayuda a responder la pregunta: ¿Te vas o te quedas?

¿Cuánto vale la red familiar, barrial, cultural, social que se adquiere por generación espontánea en el país en el que se nace, solo por haber vivido en él? ¿Cuánto vale el conocimiento que se tiene de una persona con solo mirarla, porque se reconocen los patrones culturales al verla caminar, oírla hablar u observar su vestuario? ¿Cuánto vale perder ese conocimiento y enfrentarse luego a seres humanos cuyos ojos, expresiones, ademanes y vestuario no son útiles para descifrar algo que permita abordarlos?

Mi experiencia y la de mucha gente que he conocido me indica que perder ese mapa cultural nos desnuda, nos enseña que necesitamos a la gente que conocemos más de lo que nos imaginamos. La falta de esa base social a algunos los reta y los hace más fuertes, pero a otros los mina, los apoca. Se descubre, entonces, que lo más duro de migrar no es cruzar la frontera ilegalmente, y que la fuerza física y mental usada para tomar la decisión de emigrar no garantiza el éxito de la vivencia en el nuevo país. La ausencia de la red logística, cultural y familiar tiene para muchos el efecto de un corte de pelo en Sansón. Sin ella deben empezar por descubrir el otro ser humano que hay dentro de ellos, y muchos encuentran uno mejor que el que ya eran en su país de origen. Otros se decepcionan de ellos mismos. ¡Cómo anticiparlo! Esa es la razón por la cual escribo este libro. El objetivo es que le sirva a alguien que esté en proceso de tomar esa decisión.

No pretendo hacer un llamado a no migrar, al contrario, pienso que la migración es una experiencia enriquecedora que puede ser muy útil, no solo para el migrante y su familia, sino para su sociedad de origen y la de destino. Pero sí pretendo dar algunas herramientas para que quien decida migrar lo haga con las expectativas aterrizadas, con la lista de *do's and don'ts* que le permita navegar esa ruta de los expatriados sin chocarse con los obstáculos comunes y muchas veces imperceptibles que convierten la experiencia en una pérdida.

Por último, quiero advertir que los nombres de algunas de las personas que aparecen en este libro han sido cambiados por respeto a su intimidad.

¿Por qué emigran los latinoamericanos?

La Fundación Konrad Adenauer, en el marco de su programa regional sobre políticas sociales, ha publicado cuatro volúmenes que abordan el crecimiento y progreso social, la eficiencia en el gasto público, el sector de la economía informal y la migración[1]. En éste último, investigadores de trece países compilaron y cotejaron datos para determinar las causas de la emigración en sus respectivas naciones y los determinantes de las oleadas migratorias en cada uno de ellos. La conclusión general es que los latinoamericanos emigramos por tres razones: Huir de la miseria, mejorar las oportunidades profesionales y huir de la falta de libertades políticas. A pesar de que los destinos tradicionales de los latinoamericanos son Estados Unidos, Canadá, España e Italia, el libro da cuenta

---

1 Varios autores, *Migración y políticas sociales en América Latina*, Konrad Adenauer Stiftung, 2009.

de una creciente migración intrarregional, que hasta el año 2005 encontraba en Argentina, Venezuela y Costa Rica los destinos preferidos. Ese año marca el comienzo del fin de la más reciente oleada migratoria de latinoamericanos. Citando al Centro Latinoamericano y Caribeño de Demografía (Celade), el documento afirma que solo entre el año 2000 y el 2005 el stock de migrantes latinoamericanos en el mundo creció de veinte a veinticinco millones, y que el monto de las remesas desde 1980 hasta la fecha, exceptuando los años posteriores a la explosión de la burbuja inmobiliaria en Estados Unidos, se duplica cada lustro.

Aunque en la mayoría de los casos los investigadores se vieron limitados por la falta de información actualizada, el panorama que trazaron país por país da una idea del fenómeno a nivel regional. Comparto con ustedes apartes de esos estudios.

Argentina

Un país que tiene un comportamiento anómalo, en el sentido de que es un polo de atracción de migrantes regionales, pero a la vez expulsa mano de obra local, fruto de sus recurrentes crisis macroeconómicas. Para 1914, el 30 por ciento de la población del país estaba compuesta por nacidos en otros países, para 2009 es el 4,2 por ciento de la población. Los inmigrantes en Argentina son en su mayoría paraguayos, seguidos por bolivianos, italianos, chilenos y españoles. La llegada de peruanos se quintuplicó entre 1999 y 2009, la de paraguayos creció 30 por ciento y la de bolivianos 63 por ciento. La construcción y el servicio doméstico son las principales ocupaciones de los inmigrantes de estos países[2].

Bolivia

Solamente en algunas coyunturas el país recibió pequeños grupos de inmigrantes. A partir de los años veinte llegaron cerca de ochocientos árabes, entre 1938 y 1941 entraron de diez mil a quince mil judíos, y luego de la reforma agraria de 1953 arribaron reducidos grupos de menonitas y japoneses. En cuanto a migración al exterior se ha orientado tradicionalmente hacia Argentina y, en segundo lugar, a los Estados Unidos, aunque desde 2004 se registró una emigración masiva hacia España y otros países de Europa. Los bolivianos emigran persiguiendo un mayor poder adquisitivo. Según el artículo, la probabilidad de tener un miembro migrante en la familia tiende a incrementarse cuando se tiene un hogar que se encuentra en el área rural, o cuando el jefe de familia es mujer. También cuando siendo el jefe de hogar un hombre este está casado y, más aún, si está desempleado o si ya es de avanzada edad. A mayor nivel educativo disminuye la probabilidad de que el hogar tenga a uno de sus miembros como migrante, como también disminuye si el hogar es muy pobre[3].

---

2   Ibíd., Ramiro Moya, pp. 10, 15 a 18.
3   Ibíd., Luis Carlos Jemo y Mario Napoleón Pacheco, pp. 37 a 51.

Brasil

El país ha tenido dos períodos inmigratorios. El clásico, que va de 1870 a 1970, durante el cual unos 5 100 000 personas llegaron desde Europa y Asia, y el reciente, en las décadas de los setenta y ochenta, en la que por primera vez hay una corriente de brasileños en dirección al exterior. Los cálculos más conservadores hablan de un millón de personas, pero otros sostienen que fueron hasta dos millones y medio. Las principales actividades que realizaron por fuera de sus países están relacionadas con la limpieza, ayudante de cocina, meseros, repartidores de pizzas y periódicos. Esto en cuanto a la migración laboral de personas con bajo nivel de instrucción. Pero también hubo emigración de profesionales para ocupar cargos en multinacionales, o personas educadas que huían de persecuciones políticas. Al mismo tiempo llegaron al país refugiados de Angola y Liberia, Colombia y Afganistán[4].

Chile

El informe destaca datos del Censo del 2002 que arrojó que había 195 000 extranjeros para esa fecha, en su mayoría argentinos, seguidos por peruanos, bolivianos y ecuatorianos, pero para 2009 el número de peruanos había superado al de los argentinos, tratándose en su mayoría de mujeres que llegaron a desempeñar trabajos domésticos. La migración con Ecuador funciona muy bien en el nivel de migrantes

---

4   Ibíd., Ana Cristina Braga Martes, pp. 59 a 64.

profesionales, ya que ambos gobiernos acordaron la convalidación automática de carreras universitarias. Aunque Chile ha tenido una política de puertas abiertas para los migrantes, solo en el gobierno de la presidenta Bachelet se incluyó por primera vez en el programa de gobierno el tema migratorio, reconociendo que miles de chilenos recibieron apoyo en el exterior en épocas pasadas y presentes, y que, por tanto, el país debe abordar la migración con una óptica de derechos ciudadanos, que incorpore la temática migratoria desde el currículo escolar[5].

Colombia

Se calcula que el diez por ciento de la población vive por fuera del país, un fenómeno que ha ido subiendo en los últimos quince años. El 59 por ciento de los emigrantes colombianos están en Estados Unidos y España. El país ha vivido tres olas migratorias. La primera entre las décadas de los sesenta y setenta, como consecuencia de la violencia política llevó a los colombianos a buscar mejor vividero en Venezuela, Estados Unidos, Ecuador y Panamá.

La segunda ola fue la de los setenta y ochenta, cuando muchos colombianos salieron por la difícil situación de orden público generada por el narcotráfico, que se expandió gracias a que encontró mano de obra en la alta masa de desempleados, en parte por los bajos precios del café en el mercado internacional.

---

5 Ibíd., Carolina Stefoni Espinoza, pp. 81 a 103.

Una tercera ola se da en los noventa, como consecuencia de políticas económicas como la apertura y la internacionalización de la economía, que llevaron a la desaparición de muchas empresas medianas y pequeñas y a una reducción de la oferta de empleo en el sector público. La creciente política migratoria restrictiva de Estados Unidos hizo de la colombiana la diáspora más dispersa del continente, con grandes cantidades de migrantes también en Canadá, España, Inglaterra, Italia, Francia, Alemania, México, Costa Rica, Panamá y Ecuador. La fuga de cerebros es una de las características de esta etapa migratoria.

Los migrantes colombianos salen en cantidades importantes del eje cafetero, y son en un 54,9 por ciento mujeres con edades entre los 25 y los 45 años, y en promedio con doce años de escolaridad. El promedio de los inmigrantes colombianos en Estados Unidos desempeña trabajos que están por debajo de su nivel de educación, y las mujeres son con frecuencia víctimas de redes de trata de personas. Para el 2009 se calculaba que setenta mil colombianos habían sido víctimas de ese delito[6].

Costa Rica

El país es tanto un receptor como un expulsor de migrantes. Al tener un ingreso per cápita seis veces superior al de su vecino Nicaragua, es un punto de llegada de trabajadores, principalmente agrícolas, de ese país. Pero al mismo tiempo

---

6   Ibíd., Celina Ester Lizarazo Loreo y Jorge Gustavo Munévar Mora, pp. 109 a 116.

Costa Rica expulsa a sus conciudadanos que van en busca de mejores oportunidades laborales y salariales, que salen particularmente de dos zonas del país: Los Santos y Pérez Zeledón. Costa Rica también atrae estadounidenses que llegan a pasar sus años de jubilación, para gozar del bajo costo de vida y de la fama de ser un país pacífico. No obstante, esta cifra ya fue sobrepasada por colombianos que han llegado en la última década[7].

Ecuador

Tuvo su primera ola migratoria entre 1950 y 1965, luego de que colapsara la industria de confección de sombreros de paja toquilla, conocidos como sombreros panameños. Empresarios de este negocio que ya tenían contactos en Estados Unidos partieron a ese país a buscar nuevos destinos. Luego, grupos de ecuatorianos emigraron ante los incentivos estadounidenses para reclutar mano de obra masculina, debido a la ausencia de la misma porque los hombres estadounidenses estaban peleando en la guerra de Vietnam. Una segunda ola migratoria se produce a finales de la década de los noventa, motivada por una seguidilla de quiebras bancarias, que agravó las condiciones ya crudas de pobreza que afectaban al 56 por ciento de la población, y de indigencia al 21 por ciento del país. El conflicto armado con el Perú y escándalos de corrupción también motivaron la migración en esta segunda oleada. La emigración pasó de 377 000 ecuatorianos entre 1996 y

---

7   Ibíd., Oswald Céspedes Torres, pp. 136 a 142.

2001 a 879 000 en el 2004. El 67 por ciento de esos migrantes tenían entre 20 y 39 años de edad y, en un 80 por ciento, bajos niveles de ingresos y de escolaridad. Un 49 por ciento emigró hacia España, un 27 por ciento a Estados Unidos y un diez por ciento a Italia[8].

Guatemala

La tasa de emigración representa un poco más del diez por ciento del total de la población, pero, a la vez, el país también es receptor de migrantes provenientes de El Salvador, Honduras y Nicaragua. El fenómeno se enmarca dentro del comportamiento de la migración en Centroamérica, donde se estima que cada hora migran al menos sesenta personas. Las remesas que recibe Centroamérica desde Estados Unidos generan una migración intrarregional. Por ejemplo, los nicaragüenses emigran a El Salvador a recoger la zafra azucarera porque en El Salvador la gente prefiere esperar a que les lleguen las remesas de sus familiares desde Estados Unidos. Es parte, además, de una tendencia global a no querer trabajar en el campo. La migración en Guatemala ha sido en tres etapas. La primera, durante los sesenta y principios de los setenta, fue una migración temporal ligada a la política económica de sustitución de las importaciones. La segunda, de finales de los setenta a comienzos de los ochenta, ocurrió como respuesta a los problemas económicos y políticos que generaron una escalada de violencia. La tercera fue motivada

---

8   Ibíd., Sebastián Oleas Felipe Hurtado, pp. 156 a 166.

por la reunificación de familias después de la firma de la paz en varios países de Centroamérica. La mayoría de emigrantes del istmo provienen de zonas rurales y están entre los 15 y 34 años. En los últimos años ha aumentado notablemente la tasa de migración femenina, quizá por el empoderamiento femenino y también para huir de la desigualdad y la discriminación de género. Entre los migrantes guatemaltecos, más de la mitad tienen solo estudios de básica primaria y estaban dedicados a la agricultura y al manejo de maquinaria, principalmente[9].

México

Mientras que en Estados Unidos un trabajador mexicano recibe un salario promedio de dieciocho dólares la hora, en su país gana el equivalente a menos de tres dólares por el mismo tiempo. Aunque la emigración de mexicanos hacia el país vecino del norte ha sido histórica, con programas como "Bracero", que respondía a la falta de mano de obra masculina durante la guerra y que fue suspendido en 1967, la migración mexicana se aceleró desde la crisis económica de 1995. Entre ese año y el 2007, 400 000 mexicanos en promedio emigraron anualmente a Estados Unidos, siendo el 2000 el año récord con 530 000 personas. Con la crisis económica estadounidense, esta migración se ha desacelerado e, incluso, se presentó una migración en el sentido inverso, en su mayoría de menores de edad de origen mexicano nacidos en los Estados Unidos. La migración llegó a ser de 144 personas por cada diez mil

---

9   Ibíd., Sybil Italia Pineda, pp. 179 a 186.

habitantes en 2006, y ahora se ubica en 42 por cada diez mil, después de recuperarse de niveles más bajos durante la crisis económica de Estados Unidos. Los mexicanos constituyen la comunidad con menor nivel de ingresos en los Estados Unidos, con salarios 38 por ciento menores que el promedio nacional, incluso seis por ciento menos que los trabajadores centroamericanos. Entre los migrantes mexicanos está la menor proporción de profesionales latinoamericanos en Estados Unidos[10].

Paraguay

Fue receptor de inmigrantes tras la primera guerra mundial. Cuando llegaron grupos religiosos de menonitas a colonizar zonas rurales. Para 1950 y 1960, por la persecución política y la falta de empleo, los paraguayos emigraron masivamente a Argentina. Para la década de los noventa, también por motivos laborales, una nueva ola migratoria en el mismo sentido deja al país con una pérdida del 6,3 por ciento de su población. Hoy en día los paraguayos siguen migrando principalmente a Argentina, y en cantidades menos numerosas a España, Brasil y Estados Unidos[11].

Perú

A pesar de tener un crecimiento económico promedio superior al cinco por ciento, de haber rebajado el nivel de deuda

---

10   Ibíd., Luis Ignacio Román Morales, pp. 201 a 215.
11   Ibíd., Dionisio Borda y Cynthia González, pp. 235 a 242.

y de tener una baja inflación, la falta de éxito en la reducción de la pobreza hace que, incluso en tiempos de bonanza, la población migrante del Perú crezca. El diez por ciento de sus habitantes vive por fuera del país. El Perú ha vivido cinco fases migratorias. Entre 1920 y 1950 era receptor de inmigrantes europeos. Entre 1950 y 1970 empiezan a emigrar los peruanos de clase media, empresarios y estudiantes a países de Europa con el ánimo de estudiar. Entre 1970 y 1980 la emigración de estudiantes de clase media y trabajadores se empieza a volver masiva y se dirigen principalmente hacia Estados Unidos y algunos a Canadá. Entre 1980 y 1990 los refugiados políticos emigran a países escandinavos y miles de peruanos llegan a Japón. La mujer se vuelve numéricamente importante en los flujos migratorios. De 1990 a la actualidad la migración peruana es un fenómeno masivo. Desde el comienzo de esa fase hasta 2007 emigraron 1 940 817 personas, o 108 000 por año. La mayoría a Estados Unidos, atraídas por el diferencial salarial de la mano de obra no calificada con respecto al Perú. Los migrantes peruanos tienen entre 20 y 39 años, son en su mayoría solteros y un buen porcentaje de ellos son todavía estudiantes[12].

Uruguay

Aunque este país ha contado históricamente con un nivel de desarrollo humano superior al de los países de la región e, incluso, al de países como España, Italia y Francia, no ha-

---

12   Ibíd., Roberto Abusada Salah y Cinthya Pastor Vargas, pp. 255 a 263.

ber podido combinar las exitosas políticas sociales con una economía dinámica y sostenida llevó a que para la década de los sesenta muchos de sus ciudadanos encontraran en la migración una alternativa frente a la crisis económica y, posteriormente, ante la inestabilidad política de la dictadura militar. El país tiene la tasa más alta de América del Sur de residentes en el extranjero, con un 13.9 por ciento, y una de las tasas de migración de trabajadores calificados más alta de la misma región. Lo anterior plantea el problema de la fuga de cerebros. Quienes emigraron entre 2002 y 2003 lo hicieron por falta de trabajo o porque devengaban poco salario[13].

Venezuela

El país ha tenido tres etapas migratorias. La primera entre 1948 y 1958, cuando recibió españoles, italianos y portugueses que huían de la crisis de la posguerra. La segunda ola migratoria se dio a finales de los años setenta, por el alza de los precios del petróleo que subió significativamente el ingreso per cápita, y que demandaba mano de obra calificada. Por eso se creó una política de inmigración selectiva. Al iniciar el nuevo milenio, Venezuela y Argentina eran los únicos países de la región que contaban con más de un millón de extranjeros residiendo en su territorio. La tercera fase empieza en la década de los noventa y continúa en la actualidad. Según estadísticas del censo de población

---

13   Ibíd., Cristen Dávalos, Cecilia Plottier, Sebastián Torres, pp. 281 a 284.

estadounidense, para el inicio de la década había cuarenta y dos mil venezolanos empadronados en ese país, y para el 2000 había llegado a ciento siete mil. En los primeros años de la década el número de inmigrantes venezolanos en los Estados Unidos subió a cuatro mil ochocientos por año. En la segunda mitad de la década aumentó la cifra de venezolanos admitidos en Estados Unidos en calidad de refugiados. Para 2007 fueron 2056 los admitidos[14].

---

14   Ibíd., Anitza Freites L. y Emilio Osorio, pp. 314 a 303.

PRIMERA PARTE
El sueño americano

Si no tenés que salir de tu país, quedate

Era la época de la dictadura en Argentina y Pablo Stolovitzky estaba a punto de graduarse de medicina, varios de sus conocidos habían desaparecido, otros cuantos habían sido enviados a la guerra de Las Malvinas, y aunque él no hacía parte de ningún grupo en contra de la dictadura, sabía que corría riesgos. Por eso tenía claro que quería irse a ejercer su profesión a Estados Unidos.

"Había perdido la esperanza en la Argentina, y cuando le mencionaba a mis profesores que me quería ir me descorazonaban, pero eso me motivaba a probarles que estaban equivocados. En esa época había que presentar tres exámenes para validar la carrera. El primero se podía hacer desde el país de origen, yo lo hice y lo pasé. Con eso me aprobaron la visa para venir a trabajar como asistente, aún no podría ejercer como profesional. Cuando llegué conocí a un cardiólogo argentino en Miami que me dijo que era casi imposible que pudiera terminar de validar mi carrera. El chance de que entrara un extranjero a especialidades quirúrgicas era de uno en mil. El primer año no encontré nada, pero al segundo conocí al jefe del departamento de otorrinolaringología de la Universidad de Emory, en Atlanta, que nunca había tenido un extranjero en treinta años que llevaba ahí, y me aceptó. Al principio, aunque yo hablaba inglés, no entendía nada. Es difícil entender las expresiones, los códigos culturales, el lenguaje corporal, y me encontré con que a pesar de que la gente del sur de Estados Unidos es muy amable y cortés, al mismo tiempo es muy cerrada. Por suerte me pude armar un grupo de colegas argentinos".

Le pregunto a este médico (uno de los doce miembros de la Junta Directiva de la Academia de Otorrinolaringología de Estados Unidos, y el primer extranjero elegido en la junta nacional de gobernadores de su especialidad compitiendo con estadounidenses, y que acaba de recibir el premio *Life achievement* —Vida y obra de la Sociedad de Otorrinolaringología de Georgia— cómo hizo para destacarse a tan alto nivel. Me responde sin titubear: "Nunca me sentí menos a pesar de que me lo querían hacer sentir. A veces te pasa que cuando hablas con acento te responden como si fueras retrasado mental, o se ríen de ti, pero mi mejor arma y que todavía la sigo usando es que yo me río de mí mismo. Recuerdo mucho un humorista Argentino, Pinti, muy, muy feo, que siempre empieza sus shows haciendo chistes sobre los feos… Bueno, igual que yo. Por ejemplo, cuando estoy en un comité que tiene que seleccionar solicitudes de ingreso, y veo las de personas que no son estadounidenses, les digo a mis colegas del comité: *another damn foreigner!* —otro maldito extranjero— y todos mueren de risa ".

Pero su arma que rompe el hielo está acompañada de una gran entrega a su profesión, por eso a los que quieren venir a validar sus carreras, al menos en lo que se refiere a medicina, les dice que se ofrezcan a hacer trabajos de voluntarios, de investigadores, aunque sea sin sueldo ni garantías, a trabajar horas extras, que agachen la cabeza, que estudien mucho y que no se sientan menos. Reconoce también que la ignorancia sobre el medio al que llegaba le ayudó. Dice que cuando llegó no tenía ni idea de que los puestos que él alcanzaba era tan codiciados ni tan bien remunerados, solo quería ejercer lo que estudió.

"Es lo bueno de la ignorancia, que te deja atreverte". Lo cierto es que cuando llegó a este país vino con tres mis dólares prestados, y siete años después ya era el jefe de residentes del Departamento de Otorrinolaringología de la Universidad de Emory. Al terminar su residencia tenía diez ofertas de trabajo. Luego llegó a cobrar hasta diez mil dólares por una cirugía que solo una pequeña élite de colegas sabía practicar: la cirugía sinusal o rinológica.

Esa élite podía ganar alrededor de un millón de dólares al año. A comienzos de los noventa el sistema de salud cambió y los réditos por procedimiento bajaron. El ingreso de empresas intermediaras para la prestación de servicios de salud lo hizo pensar que los que trabajaban como independientes desaparecerían, y por eso le propuso a un grupo de colegas formar un grupo al que llamaron *ENT of Georgia, ear, nose and throat* (oído, nariz y garganta) del que a él lo nombraron presidente por ser el dueño de la idea. Tenía solo cuarenta años y sus colegas estaban entre los cincuenta y sesenta. Años después uno de sus compañeros le confesó que los demás miembros del grupo (todos estadounidenses) estaban preocupados de darle el puesto a un "espalda mojada" (expresión usada para referirse a los que pasan la frontera nadando el Río Bravo).

El doctor Stolovitzky es una eminencia mundial en su área, viaja constantemente por América Latina a dar conferencias y capacitación, y lo ha hecho incluso con quienes fueron sus profesores de la universidad en Buenos Aires. Consciente de la resistencia que tienen la mayoría de los hispanos por los argentinos, también usa el humor como antídoto. "Empiezo mis conferencias diciendo que el mejor negocio que se puede hacer es comprar un argentino por lo que vale y venderlo por lo que piensa que vale".

En esos viajes, este médico se encuentra con muchos colegas que le dicen que quieren venirse a trabajar a los Estados Unidos. Él no los desanima, pero les repite una y otra vez sus consejos: no sentirse menos, estar dispuesto a trabajar duro y gratis, aprender el idioma y abrazar la cultura, no volverse parte del *ghetto* hispano, dejar los vicios del país de origen por fuera, y nada de tratar de ascender con palancas o sobornos. Pero también les dice algo que me sorprende, porque viene de una persona cuya experiencia como migrante es una enumeración de anécdotas de éxito.

"Mirá que tengo todo, pero no hay nada como sentirse en casa y entre nuestra gente. Es que ni siquiera los argentinos cuando están fuera de su país son los mismos que son cuando están en casa. Por eso siempre les digo que si no se tienen que venir no se vengan, no hay nada como las raíces de uno.

Es preferible ganar un poco menos y tener felicidad, que tener la cuenta del banco llena y el corazón vacío".

Nada de esperar a que el país mejore, somos nosotros los que tenemos que mejorar

Ganar veinticinco mil dólares al mes está lejos de lo que el promedio de la población estadounidense obtiene en ingresos por trabajo o negocios, más aún cuando se trata de inmigrantes indocumentados. No obstante, ese es el caso de Silvia, una mexicana de San Agustín, Tlaxco, en el estado de Puebla, mujer divorciada que cruzó ilegalmente la frontera hace veintiocho años. Silvia llegó a Estados Unidos decepcionada del marido con el que se había casado a los quince años, quien se quedó sin trabajo y se echó a la pena.

"Ya no teníamos cómo pagarles los colegios a nuestros hijos, pero él se resignó. Yo no podía permitir que mis hijos tuvieran una vida miserable, entonces decidí venirme a probar suerte en Estados Unidos.

"Me fui con mi hijo mayor que en ese entonces tenía trece años y con la menor que tenía un año. Dejé a los otros cuatro con el papá y con una tía. Pasamos caminando por Tijuana. Conseguí trabajo en una taller de costuras. De cinco de la mañana a cinco de la tarde tenía que planchar trescientos sesenta y cinco pantalones, también trabajé en una cromadora y luego en una fábrica de tortillas de harina. Me ganaba doscientos dólares a la semana, ahorraba todo lo que podía, nunca me compré nada para mí, ni una camisa, ni zapatos, ¡nada! A los dos años de estar trabajando reuní el dinero para pagar el viaje de mis otros cuatro hijos, que también entraron ilegalmente. Eso fue de lo peor que me ha pasado, haber estado separada de mis hijos. Pero hoy en día pienso que eso fue lo que hizo que yo trabajara no al ciento por ciento sino al ciento cincuenta por ciento. Gracias a la falta que me hacían, yo trabajaba tanto para traerlos que no tenía tiempo para quejarme ni para llorar. Trabajaba de doce a catorce horas diarias y mi hijo mayor también, él cuidaba la niña cuando yo estaba en el trabajo y luego se iba a trabajar.

"Luego llegaron mis otros hijos y también seguí trabajando mucho. ¡Así pasaron quince años! Es que ese es el problema que tenemos los hispanos, llegamos acá y nos volvemos víctimas del sistema. Infortunadamente trabajamos solo para comer y vestir, nos conformamos con poquito porque nos rodeamos de gente igual a nosotros que no conoce a nadie que sea mejor y, por eso, nos quedamos mediocres. Y gastamos en lo que no debemos gastar, eso precisamente estaba haciendo yo un día que fui a buscar un salón en un hotel para celebrarle los quince años a mi hija y vi en una mesa unos formularios de solicitudes de empleo. Pensé que estaban buscando gente para trabajar en la cocina del hotel y llené uno, me dieron una cita y, cuando llegué, me sorprendí mucho porque era una recepción muy elegante, que no se parecía nada a la manera como uno es tratado cuando va a pedir empleo. Había amas de casa hablando de salud, energía, control de peso y cosas así.

"Me molesté porque sentí que estaba perdiendo el tiempo, que había caído como en una trampa, hasta que salió (no se me olvida el nombre) Eva Molina, una guatemalteca, diciendo que ganaba diez mil dólares al mes trabajando desde su casa. No me lo creía. Luego nos preguntaban: cuántos años tienes, cuántos te quedan de vida productiva, cuánto tienes ahorrado, y cuando yo me respondí esas preguntas me di cuenta de que no tenía nada, que no tenía metas, solo deseos que no sabía cómo lograr". A pesar de la experiencia, Silvia salió de ahí sin una decisión clara sobre la oferta de ponerse a vender los productos de la marca que había convocado la reunión. Lo que sí hizo fue aceptar una membresía con la que obtuvo descuentos para comprar algunos de los productos. Dice que luego de seis semanas de tomarlos había bajado treinta libras de peso y que se sentía con más energía.

Sus conocidos, especialmente las mujeres, empezaron a preguntarle qué estaba haciendo, y fue tanta la demanda, que decidió hacer una reunión en su casa con diez de los interesados para explicarles los productos. Ese día le hicieron pedidos con los que ganó mil doscientos dólares. "Nunca había visto tanto dinero junto, además me daba mucha satisfacción ver cómo a través de los productos y la asesoría que yo le daba a la gente, les cambiaba la vida, sentía que estaba ayudando a otros. También, al conseguir otras mujeres para que vendieran, veía cómo la vida de ellas, al mejorar sus ingresos, se transformaba positivamente como estaba sucediendo con mi propia vida. Eso me daba mucha alegría".

Y Silvia me dice luego una frase que ha entrado a ser parte de mis frases favoritas: "Es que no hay hijos pobres ni tristes, sino padres cobardes. Los miedos limitan mucho a la gente, por estar pensando en lo que va a pasar, la gente no se atreve y eso es un error".

Recuerda con satisfacción los días en los cuales dejó de decirles a sus hijos que no les podía comprar lo que querían, o que tenían que escoger siempre lo más barato. Hoy en día tiene catorce nietos, toda su familia vive legalmente en los Estados Unidos, ella y sus hijos se legalizaron durante la amnistía del ochenta y seis, y tanto ella como una de sus hijas son presidentas de la marca luego de hacer carrera desde abajo. Entraron como distribuidoras, ascendieron a supervisoras y ahora están en el cargo máximo.

Cuando le pregunto a Silvia cuál cree que es la diferencia entre ella y las miles de personas que llegan ilegalmente, me dice que su punto de quiebre llegó al darse cuenta de que ella como ser humano valía mucho.

"Yo pensaba que no valía nada, estaba atada a una niñez difícil porque crecí en un internado, y a un matrimonio muy joven en el que nunca tuve satisfacciones. Me criaron haciéndome pensar que las mujeres nacemos para el hogar, lavar, cocinar y planchar. Estaba atada a ese pensamiento apocado con el que nos levantan a muchos, pero de pronto me di cuenta de que yo sí merecía, que había en el mundo felicidad disponible para mí, dinero disponible para mí, que yo podía tener una vida mejor. ¡Me quité el miedo! Este país le da oportunidades a todo el mundo, pero hay gente que no quiere hacer los cambios porque es conformista o porque no conoce nada mejor y toma las decisiones que no son las correctas.

"Pero ahora que la situación para los inmigrantes está tan difícil, yo les digo a los que están en sus países pensando en venirse para acá, que piensen que en donde quiera que estén están las oportunidades, aunque haya que empezar de la nada. Yo estoy convencida de que con el deseo ardiente de tener una vida mejor, y con mucho coraje, si la gente lucha, en el país en el que esté, sale adelante. Quédense en sus países, luchen en sus países, porque muchos se siguen viniendo para acá y no le ponen ganas y siguen en las mismas, con una vida mediocre. ¡Nada de esperar a que el país mejore, somos nosotros los que tenemos que mejorar! La pobreza la tiene la gente en la cabeza, pero la pobreza no existe. Y a los que ya están acá y viven con eso de la discriminación les aseguro que a uno lo tratan según como uno se comporte. Si eres educado serán educados contigo. No critiquen a este país, yo me metí sin permiso, sin que nadie me invitara, y aun así este país me dio la oportunidad de educar a mis hijos".

Silvia termina dando unas cifras que desvirtúan la recomendación número uno que le dan al inmigrante, aprender el idioma: "Hablo inglés en un treinta y cinco por ciento y lo entiendo en un noventa por ciento, mis ingresos provienen de una clientela noventa y cinco por ciento hispana y cinco por ciento estadounidense". No obstante, le recomienda a los demás que sí aprendan bien el idioma, porque los tiempos han cambiado, y reafirma lo que considera que es el secreto de su éxito: "Todo lo bueno que me ha pasado empezó en el momento en que me la creí".

El caso perfecto

Cuando supe que Héctor Buitrago y su esposa Michele Lamassone llevaban casi treinta años viviendo en Estados Unidos me sorprendí de su muy buen español y de su cercanía con Colombia y con sus problemas sociales. Los admiré, y aunque luego conocí mucha gente con las mismas características, siempre me siguieron pareciendo sobresalientes, sobre todo entre esa masa inmigrante que, como si fuera regla del expatriado, denigra de su tierra de origen. No estoy hablando de una actitud chauvinista ni mucho menos nostálgica, sino de personas que si bien reconocen las falencias de su tierra, valoran lo bueno que solo en ella tienen, y trabajan para modificar positivamente ese entorno en el que forjaron parte de las fortalezas por las que su vida ha sido exitosa.

"Estaba en el pico de mi carrera como abogado, tenía todos los contactos en las cortes y buenos clientes, cuando a Michele, que ya trabajaba en Coca Cola, le salió una oferta para venir a trabajar a la sede principal de la compañía. Era tan buena que no pudimos decir que no. Vendimos todo, solo nos vinimos con unos cuadros, fue en agosto de 1985".

Héctor recuerda detalles como si fuera ayer, porque ha sido una de las grandes decisiones de su vida. Se ríe al contarme que pensando en mantener su carrera se trajo unos libros de derecho colombiano que, como era de esperarse, solo le sirvieron para estorbar. Me aclara de entrada que su situación era cómoda porque él era residente estadounidense y su esposa era ciudadana, por lo que ambos podían trabajar, y que, seguramente, sin ese requisito ni hubieran pensado en venir a este país.

Michele, entretanto, con estudios en secretariado ejecutivo bilingüe, luego de trabajar dos años en la sede de Coca Cola en Bogotá, tenía una oportunidad de oro. A su jefe, entonces gerente para la zona norandina, lo habían nombrado vicepresidente para Latinoamérica y debía trasladarse a Atlanta. Tan buena era Michele en lo que hacía que, para vencer la resistencia de Héctor a dejar su carrera como abogado en Colombia y seguirla a ella, su jefe le ofreció aumentarle a su salario los ingresos que su marido dejaría de percibir. Todo esto, además, sabiendo que ella estaba embarazada. Michele dice que a pesar de que tenía papeles de trabajo, lo que en realidad le sirvió fue ser completamente bilingüe y haber crecido en dos culturas.

"Yo había vivido en Nueva York entre los tres y los trece años, pero durante todo ese tiempo mis padres siempre me hablaron en español a mí y a mis hermanos, y aunque nosotros contestábamos en inglés, cuando regresamos a Colombia entendíamos bien, y además yo sabía escribirlo y leerlo, porque durante los tres últimos años de escuela en Nueva York tenía la opción de elegir un idioma y yo elegí español. Por eso siempre les digo a los padres hispanos que no dejen que sus hijos pierdan el español, que no cometan el error de hablarles en inglés, porque por un lado lo van a aprender en el colegio de todos modos y, por otro, les enseñan mal, pues les hablan un inglés mal pronunciado".

A pesar de la ventaja de la legalidad, Héctor estaba dispuesto a hacer lo que fuera con tal de no dejar de trabajar. Por eso, con buen saco y corbata en pleno verano, al segundo día de haber llegado entró a un restaurante de desayunos donde había un letrero que decía *hiring* (contratando).

"Pasé mi hoja de vida de abogado y me dijeron que ahí no tenían trabajo para un abogado. Les pregunté de qué tenían trabajo y me dijeron que solo necesitaban gente que quebrara huevos. Les dije que yo podía hacer eso y me dieron el turno de cinco a once de la mañana. Cuando me vieron quebrar los primeros huevos, de uno en uno, me enseñaron que eso era de a dos en cada mano, al mismo tiempo, porque tocaba quebrar doscientos cada quince minutos. Me pagaban seis dólares por hora y yo estaba feliz porque había conseguido trabajo tan rápido. Al tercer día salí a comprar los colchones en una camioneta que habíamos comprado el primer día que llegamos. Pagamos la primiparada de no saber lo importante que es acá tener historia de crédito. Compramos los dos carros en efectivo con el dinero que traíamos de Colombia y nos miraron rarísimo. ¡Quién hace eso! En fin, eso le sigue pasando a mucha gente recién llegada, no abren crédito. El dueño del almacén vio que yo tenía una camioneta y me preguntó si quería trabajar con él repartiendo colchones, me dijo que me iba a pagar treinta y cinco dólares por cada entrega de un colchón. Le dije que sí, de una. Ya tenía dos trabajos y solo llevaba tres días acá. El primer domicilio fue a una familia de negros, ese fue un choque cultural tenaz, porque ¡cuándo en Colombia yo iba a recibir órdenes de un negro! Pero acá fue que lo ponga acá, que lo mueva allá, que lo deje ahí, y yo que sí, señor".

Héctor tiene hoy en día varios amigos negros, y el cargo que ocupa hace cinco años como jefe de la Oficina de Concesiones y Contratos del CDC, o Centros para el Control y Prevención de Enfermedades de los Estados Unidos, manejando seis mil millones de dólares anuales para programas de salud pública, lo obtuvo gracias a una mujer negra que quedó encantada al verlo hacer una exposición cuando trabajaba en la oficina de Protección del Medio Ambiente. Pronto aprendió que en este país, no obstante que el racismo sigue presente, los afrodescendientes tienen un poder y unos derechos adquiridos que están a años luz de lo conseguido por los negros en Latinoamérica.

"Otra de las cosas que aprendí al llegar es que yo no sabía tanto inglés como pensaba que sabía. Eso también le pasa a mucha gente, por eso me matriculé en el programa de *English as a second language* de la Universidad Georgia State. Lo bueno es que ahí tenían *day care* (guardería), y como Laura, mi segunda hija, estaba a punto de nacer, ese era el sitio preciso para estudiar.

"Entonces yo salía del restaurante por las mañanas, recogía a Andrea (su hija mayor) que para entonces tenía seis años, la dejaba en un jardín infantil o la dejaba Michele, y me iba con Laura para la universidad. Y por la tarde repartía colchones. Un día fuimos a comer a un restaurante Fridays y el mesero me dijo que en frente iban a abrir un hotel, pero sin restaurante, y que por eso en Fridays estaban buscando alguien que tomara los pedidos porque esperaban que se incrementaran con los clientes del hotel, especialmente en las noches. Así quedé trabajando todo el día, y esa sí que fue mi escuela de inglés acelerado".

Le pregunto a Michele cómo se sentía de ver a Héctor, un abogado exitoso en su país, convertido en un todero de oficios varios, y me dice que además de que lo admiraba porque se atrevía a hablar inglés aunque se equivocara, todo lo que hacía tenía una justificación como parte del proceso para aprender inglés y poder así validar su carrera. Agrega que por eso también a los inmigrantes les dice que tienen que llegar dispuestos a hacer lo que sea, sin que les dé pena, pero sin olvidar cuál es la meta y cómo la van a lograr, "porque quebrar huevos está bien si sirve de trampolín para lograr lo que uno quiere, pero no se trata de quedarse quebrando huevos veinte años".

Michele y Héctor representan también algo que suele sucederles a muchas familias hispanas que llegan a vivir a los Estados Unidos. Están tan solos que la relación de pareja se fortalece, incluso en los casos en que ha sido frágil, algo común debido a las distracciones y tentaciones de la agitada vida social que una persona promedio suele llevar en su país de origen.

"Haber inmigrado fue lo que más nos unió como familia, el núcleo se nos cerró, nos acercamos como pareja, aprovechábamos mucho los fines de semana para conocer, todo era una novedad, y como no existía blackberry ni nada de eso que lo pone a uno a trabajar todo el día, yo me podía desconectar del trabajo y dedicarme a mi familia".

Y en la época en que Héctor le hacía frente a la nostalgia por su país, su cultura y su música, yéndose a tomar unos tragos a un restaurante mexicano, Michele asegura que no se ponía furiosa, como hubiera podido suceder en Colombia, porque trataba de ser tolerante, dentro de ciertos límites, con la tristeza y la soledad que él sentía.

"Esa etapa me dejó otra lección (dice Héctor) y es que un día nos paró la policía, a un amigo y a mí, y tuvimos la suerte de que en vez de quitarnos el carro nos escoltaron hasta la casa. Jamás volví a manejar tomado, acá la ley se cumple y hay que respetarla".

Con unos ingresos decentes para la época, y más ocupado que en Colombia, Héctor decidió renunciar al restaurante de las mañanas. El fantasma de la nostalgia lo seguía atacando y entendió que lo que necesitaba era trabajar en su carrera. Para esa época era fácil validar los estudios, y él lo hizo estudiando tres años de derecho en la misma universidad donde había estudiado inglés. Su primer trabajo como abogado en Estados Unidos le dio muchas satisfacciones, al prestar sus conocimientos a los Servicios Sociales Católicos, donde ayudó a legalizar a mil setecientos hispanos que se acogieron a la amnistía del gobierno de Reagan. Luego consiguió trabajo con el Departamento de Justicia, y le tocó atender a los cubanos llamados "Marielitos", "en su mayoría criminales a los que Fidel Castro sacó de las cárceles de allá y los mandó para Estados Unidos. El país había creado un programa de rehabilitación para estas personas, armaba grupos de cien y los repartía entre diez consejeros. Yo los visitaba en las cárceles, pero de los cien de mi grupo solo quedaron dos, porque era gente casi imposible de reintegrar a la sociedad. El programa se acabó cuando uno de los internos mató al director. Para ese entonces yo ya había aplicado para concursar a obtener un trabajo en la Agencia de Protección del Medio Ambiente y me lo gané, ahí duré diecisiete años".

Aunque Héctor y Michele dicen que tienen mitad de amigos estadounidenses y mitad hispanos, siempre han buscado fortalecer los lazos con la comunidad latina. Desde hace varios años son voluntarios de la Fundación Colombianitos, Héctor es alma visible de los eventos y del bingo anual de esa organización, y antes de eso colaboraron con la Asociación Latinoamericana. Además, buscando integrarse a la cultura, se vincularon a una liga mixta de fútbol, en donde se encontraron con varios hispanos y terminaron creando un equipo de fútbol que se mantuvo activo por diez años. Michele define la importancia de esa experiencia: "Eso hizo la diferencia en nuestra vida social. En este país se vive muy rico si uno puede mantener ese calor humano y esa parte latina, eso es lo que le hace falta a todo el conjunto de comodidades que uno encuentra acá".

Su grupo de amigos reúne tanto a los más distinguidos profesionales de las compañías multinacionales con sede en la ciudad hasta a los que siguen luchando el día a día. Desde hace cinco años Michele es la primera asistente del presidente mundial de Coca Cola (quien le maneja la agenda y coordina a su grupo de trabajo, para no mencionar que ha sido gerente de finanzas de la administración de aviación de la compañía, entre otros altos cargos). Labora con gente de todo el mundo, pero en su mayoría estadounidenses, y, por esta razón, le pido que me hable de "los gringos", de cómo tratarlos y vencer los estereotipos con los que llegamos muchos hispanos.

"A los gringos les fascina de la cultura hispana lo que ellos no tienen, familias unidas, más calor humano, que somos amigueros, porque algunos de ellos son desabridos. Y claro, no todos son iguales, pero hay que hacer el intento, ir hasta donde uno perciba que la persona lo permite, y si te corta, no importa, lo peor es que te hagan mala cara, hay que intentarlo con otros. No nos debe dar pena mostrar lo que somos, lo que tenemos. Igual ellos preguntan cosas como *Do you speak mexican?* (¿habla mexicano?) y uno, aunque le parezca que eso es el colmo, debe tener la comprensión y paciencia para explicar que mexicano no es un idioma y que lo que hablamos se llama español. Lo mismo sucede si a uno le preguntan sobre África. Si a uno le preguntan dónde queda Ghana, seguramente no sabe".

Su experiencia en el ambiente corporativo estadounidense también es valiosa para quienes llegan creyendo que por tener un contrato de trabajo ya tienen garantizado el éxito en este país. "He visto tanta gente brillante caer por no saber tratar a la gente. Acá no es como en nuestros países que porque eres genio te aguantan todo, solo un veinte por ciento del éxito de tu trabajo es lo que sabes, mientras que un ochenta por ciento es cómo lo haces, en lo que se refiere al manejo de tu equipo de trabajo. A la gente le va mejor cuando tiene siempre una sonrisa y un espíritu de servicio. Y también hay que aprovechar la informalidad en el trato que hay acá a pesar de las jerarquías. En nuestros países uno siempre está diciendo doctor, señor, pero por ejemplo acá el presidente de Coca Cola nos dice que le digamos Muhtar, que es su nombre, no

Sr. Kent. Ese trato menos formal de acá es positivo y hay que sacarle ventaja".

Michele dice que cuando se jubile quiere trabajar como traductora para hispanos en las cárceles porque se ven muchas injusticias y a Héctor le pregunto si se siente más gringo que colombiano o viceversa.

"Es difícil contestar de qué nacionalidad me siento, ha sido triste, por ejemplo, no acompañar a mi mamá en su proceso de envejecimiento, pero lo que he logrado acá en lo económico y profesional hubiera sido imposible en Colombia porque allá todo es por palancas, mientras que acá uno avanza por méritos. Pero Colombia me fascina, el paisaje, las frutas… Cuando me jubile quiero coger un mapa de Colombia e ir a conocer todo lo que me falta, el Atrato, Tumaco, el Amazonas, hay muchos sitios lindos para conocer".

Le pregunto si alguna vez se ha sentido discriminado, me dice que no, y que la clave ha sido hablar bien inglés. "Si uno se puede comunicar está al otro lado, así no tenga papeles. Si la gente habla bien y puede argumentarle al policía que lo detiene, o al jefe que se la quiere montar, se hace respetar, pero el que no habla bien inglés siempre va a ser vulnerable a la discriminación. Hace poco vi que un policía de tránsito tenía enfilado en un parqueadero a un grupo de gente, todos con pinta de hispanos. Me dio tanta piedra que me metí ahí y le dije que lo que estaba haciendo era racista y que iba a llamar ya al *Atlanta Latino* (uno de los periódicos hispanos de la ciudad). Ahí mismo el tipo los dejó ir, pero es que yo le hablé sin miedo y con buen inglés, los que estaban ahí no tenían el conocimiento del idioma para hacer eso. Y claro que tener documentos legales es muy importante también, venirse ilegal a este país es un error, la gente que no tiene papeles sufre un trauma sicológico muy grande, está en un perpetuo sufrimiento a la sombra de la justicia todo el día, no puede vivir en paz y menos ahora que hay leyes racistas y antiinmigrantes".

Michele coincide: "Mi historia ha sido muy positiva, pero porque yo llegué con todo listo, por eso no le voy a pintar castillos en el aire a la gente. A los que quieran venir les diría que si no tienen visa de trabajo, de estudiante o no califican para asilo, lleguen con el plan de conseguirse alguien para casarse, y que se instalen en ciudades donde no haya muchos hispanos que les hagan competencia. Además, que aprendan el idioma. La gente que aprende el idioma sobresale mucho más rápido que la que no, porque aunque al americano le encanta que los hispanos somos muy trabajadores, si no te puedes comunicar, no vas a poder mostrar la calidad de persona que eres, y eso es lo que te da ventaja sobre otros. Mostrar lo que puede hacer uno que los demás no".

Te vas a humillar como no te imaginas

Quien toma la decisión de dejar su país sabe de antemano que tendrá que despojarse de cosas, y generalmente cree que esas cosas son en su mayoría materiales, pero luego encuentra que el despojo espiritual le genera un vacío más grande que el de los objetos que dejó, por grandes que sean, como un carro o una casa. Y entre las pérdidas espirituales está el estatus social. Eso lo tiene muy claro Andrés Bonilla quien, no obstante, cuando decidió dejar su Cali natal, ya tenía la residencia estadounidense.

Empezó de abajo, de mucho más abajo de lo que estaba y mucho más abajo de lo que un día imaginó que podría llegar a estar. Por eso su mensaje a los que quieran emigrar es que se armen de humildad. Hasta hace poco más de doce años Andrés Bonilla criaba pollos que vendía a clientes por todo el departamento del Valle del Cauca. También tenía una rapitienda y, aunque no había terminado su carrera de ingeniero de sistemas, daba asesorías en sistemas a diferentes empresas. Sin embargo, lo que parecía una vida estable se derrumbó de la noche a la mañana.

"La rapitienda tenía una cartera inmensa y allá cobrarle a la gente es meterse en problemas porque a la gente que no le gusta pagar ni que le cobren, como si el malo fuera uno. Y la pollera se acabó en una noche de año nuevo por un vecino que celebró echando pólvora y así me mató todos los pollos. Además estaba en zona roja de guerrilla y ya había tenido mis problemas. Entonces me harté, pensé que es muy verraco tener un sueño en Colombia, y que acá en Estados Unidos la gente sí puede tener un sueño aunque a veces no se haga realidad, por eso me vine".

Andrés se fue a Miami con veinte dólares entre el bolsillo, desde ahí consiguió un trabajo en Atlanta. La compañía: United Waste; el cargo: recogedor de basura.

"Yo era el que iba de ayudante, entonces me tocaba levantar las canecas y meterme ahí atrás a esperar que pasáramos de barrio en barrio, y como me moría del frío pensaba que ojalá llegara el verano rápido. Pero cuando llegó fue peor porque con el sol intenso la basura se descomponía más rápido y se levantaban unos olores muy fuertes. Entonces, en vez de meterme en la parte de atrás del camión, me iba corriendo detrás para no estar oliendo esa podredumbre todo el día. Por fortuna una amiga que sabía que yo era bueno en sistemas me dijo que en Las Vegas una compañía necesitaba a alguien que le hiciera mantenimiento a las máquinas. Al poco tiempo de llegar se dieron cuenta de que yo estaba más capacitado que para solo limpiar máquinas y me ascendieron, pero luego la compañía cerró y me quedé ocho meses sin trabajo. Cogí el carrito que tenía y me devolví a Atlanta por tierra. En la carretera veía que pasaban y pasaban camiones y así fue como decidí que iba a buscar trabajo de camionero".

De camionero anduvo por muchas partes, principalmente del sur de Estados Unidos, y ahorró casi todo lo que se ganaba, al punto que un año después pudo comprarse su propio camión. Pero la suerte tampoco le sonrió, pues dice que al año y medio le robaron el camión y el seguro no quiso responder porque el vehículo fue encontrado tiempo después, aunque estaba completamente desvalijado. Su experiencia en pueblos y carreteras le sirvió para encontrar su siguiente quehacer.

"Yo conocía ya el mercado de la comida, de su distribución y de su venta, porque eso era lo que yo transportaba en el camión, y así me di cuenta de que los hispanos generalmente le venden a tiendas hispanas, pues como no saben o no les gusta hablar inglés, no entran al mercado gringo. Pero también me di cuenta de que había muchas tiendas gringas pequeñas, ubicadas en áreas donde vivían muchos hispanos que no se hacían clientes porque no les vendían los productos que les gustaban a ellos. Entonces empecé a comprar verduras a los productores y distribuidores hispanos, para vendérselas a las tiendas gringas. Y ese intercambio me terminó llevando de nuevo al negocio de los camiones porque había un gran productor hispano que tenía sus propios camiones para distribuir, pero le era muy difícil administrarlos, pues su fuerte era el negocio de la comida. Así que él se quedó con mis clientes a los que yo les distribuía comida y yo me quedé como intermediario en el negocio de los camiones. Cuando cerramos el trato teníamos cinco camiones y hoy tenemos dieciocho".

Hoy en día Andrés dice que no se devolvería a Colombia. Es estable y feliz. Se trajo a su novia, se casaron y trabajan juntos, y ya se acostumbró a un sistema que le encanta porque funciona sin palancas. El día en que me recibió en su oficina le entró una llamada de un conocido colombiano que trabajó en una gran empresa minorista de alimentos, quien estaba ofreciéndole ayuda para entrar como proveedor a dicha empresa, pero si le daba mordida. Se ríe y me dice: "Eso es lo que no entienden muchos de los que se vienen, que acá la cosa no es con palancas. Si acá uno se integra al sistema y trabaja con sus reglas no tiene que andar pidiéndole favores a la gente para poder salir adelante. Esto no es como allá que uno se hace amigo del gerente del banco para que le dé sobregiros, no, y yo puedo entrar como proveedor de la compañía que yo quiera si sigo las reglas. Por eso les digo a los que vienen que sean humildes, que acá el apellido y el colegio donde estudiaron o el barrio donde vivieron en Colombia no les sirve pa' nada, este país te arrodilla, te hace llorar, y claro, acá también hay cosas detestables como políticos que roban, pero al fin y al cabo la gente acá puede comer a pesar de eso".

Andrés viajó a Cali hace un mes y medio para asistir al matrimonio de unos amigos. Cuando sus antiguos conocidos lo ven tan bien, le dicen que quieren venirse a probar suerte a Estados Unidos. Su respuesta no deja de asombrarme aunque es, palabras más palabras menos, la misma de la gran mayoría de los que ya han tenido la experiencia de migrar, aunque les haya ido muy bien.

"Hay que pensarlo doscientas veces, porque aunque para sobrevivir acá es más importante tener el inglés que los papeles, si la gente no tiene papeles me parece un riesgo muy grande. Uno ve esos casos de gente que viene y tiene sus hijos acá y luego los detienen por una infracción de tránsito y los deportan, y tienen que separarse de su familia. O si no los deportan, para que puedan salir les cobran multas altísimas. Mientras que a los que estamos legales una infracción nos cuesta cien o doscientos dólares, a los que están ilegales les cuesta mil quinientos. Y también pienso que si yo me hubiera quedado a lucharla duro en Colombia como la he luchado acá, a lo mejor hasta estaría mejor económicamente, y pues es bacano que el trabajo que uno hace sirva para mejorar un poquito el país de donde uno es, sobre todo si considerás que al irte a trabajar como una mula a otro país te vas a humillar como no te imaginás".

El sueño mas importante es la familia

Desde que llegué a este país me llamó la atención el carácter desechable de las cosas. Lo que en América Latina se repara, se remodela o se recicla, acá simplemente se bota. Pasa con los electrodomésticos y hasta con los automóviles, y también con la comida. Así le llegó la oportunidad a Jesús Brito, un mexicano que cruzó la frontera caminando hace treinta y cuatro años, cuando apenas tenía dieciséis. Le pregunto cómo fue posible que su madre, viuda además, lo dejara aventurarse de esa manera.

"¡Qué no me dijo mi madre! Pero en Tlatzala, Guerrero, de donde yo soy y donde hacía trabajos del campo, no hay agua durante seis a siete meses del año. Toca sobrevivir nada más. Entonces dejé a México con mucha tristeza. Infortunadamente es un país que te expulsa". Brito, como le dice la mayoría de la gente, me dice esto después de hacer largas pausas para suspirar, en las que me advierte que si lo pongo a recordar, lo voy a hacer llorar. Aunque no piensa regresar y toda su familia: madre, hermanos, hijos, sobrinos están en Estados Unidos, no deja de añorar su tierra.

"Tres veces me agarraron, la cuarta fue la vencida, yo pasé con otros dos, uno de quince y uno de diecisiete, duramos quince días cruzando, al final pasamos en la cajuela de un carro. Dos meses después de salir de mi casa llegué a Chicago, donde tenía familiares".

Se levanta del asiento a bajar la temperatura del aire acondicionado de su oficina porque dice que esas remembranzas le hacen sentir calor. Pero se sienta y noto su alegría al recordar sus primeros trabajos, sobre todo el de la frutería.

"Todo el día cargaba y descargaba cajas, el dueño era un griego que no hablaba ni inglés ni español y yo tampoco hablaba inglés, entonces tuve que aprender algo de griego. Pero me encantaba ese trabajo, oiga, era divertido. Esos retos diarios de comprar y vender, platicar con la gente, y tener el contacto con las frutas y verduras, con la naturaleza. A mí la verdura me duele, la siento, me hace vibrar algo dentro de mí, el campesino es así… Ahí entré como barrendero y a los tres años y medio ya era el asistente de gerencia. Es que cuando haces las cosas con gusto todo te rinde y te queda bien".

Cuando Brito vio que podía vivir mejor en Estados Unidos se devolvió a México por dos de sus familiares. Con una de sus hermanas y una cuñada cruzó a nado el Río Bravo por Nuevo Laredo. Al poco tiempo de instalarse de nuevo en Chicago, otras hermanas que ya habían pasado por su cuenta y se habían ubicado en Atlanta lo animaron a irse a esa ciudad donde hizo lo que muchos: lavar platos en un restaurante chino y ser mesero en un restaurante mexicano de donde pronto lo sacaron por no tener documentos.

Esa ilegalidad tuvo fin con la amnistía que dio el gobierno de Ronald Reagan. Él y diez de sus once hermanos se legalizaron por esa vía. Para entonces Brito ya se había casado y su esposa estaba embarazada del primogénito de la familia. En un momento en que se quedó sin trabajo, un amigo lo invitó al *farmers market* (mercado campesino) donde vio cómo, ante los ojos de todo el mundo, botaban el tomate pequeño o con manchas. Entonces, le preguntó al dueño de los tomates si le podía regalar algunos. Cuando llegó a su casa los lavó y armó ocho cajas de tomate que ofreció entre sus conocidos. Se ganó seis dólares por caja. Volvió por más tomates, aunque al tiempo consiguió trabajo en una fábrica de soldaduras, y por varios meses hizo las dos cosas.

"Me recomendaron que le ofreciera ese tomate al dueño del restaurante El Azteca y, al poco tiempo, ya le vendía setenta cajas a la semana. El señor que antes los botaba estaba feliz porque yo le daba un dólar por caja que vendía. Había semanas en que me ganaba trescientos dólares vendiendo tomates y los doscientos cinco dólares de la fábrica de soldaduras, pero no quería dejar eso que era seguro hasta que lo de los tomates tuviera más fuerza".

Tomó la decisión a los tres meses de haber comenzado. "Dije, me voy a hacer comerciante, mis hermanos se burlaban, me decían que estaba loco, pero yo sabía que sí lo podía hacer, uno lo palpita. Y mire, hoy en día, ¿a quién no le he vendido? Conseguí más clientes entre los restaurantes mexicanos, y me tocó buscarme un ayudante que me colaborara con la descargada de las cajas. Trabajábamos desde las cuatro de la mañana. Tres años después ya vi la necesidad de comprar una bodega y, además, empecé a vender otras cosas: lechuga, chiles, aguacates… Lo mejor fue cuando nos metimos *al flea market* (mercado de las pulgas). Teníamos un cliente que nos compraba para revender ahí y siempre se quejaba de que no vendía. Un día fui para ver si es que era tan difícil vender y me di cuenta de que los que no venden es porque se la quieren ganar toda. Este negocio es de volumen. Casi no creo lo que vi, eran cientos de gentes en ese lugar, comprando como si no fuera a haber más comida. Me encantaba ese contacto con la gente y yo les empecé a llevar mariachis que tocaban al lado de mi camión y así la gente compraba feliz, eso se volvía como una fiesta. Vendíamos entre veinte y veinticinco mil dólares por fin de semana. Seguimos yendo cada domingo y vendíamos todo lo que llevábamos, menos los días en que llovía. Por eso se me ocurrió abrir un supermercado y así fue como, en 1996, abrimos el primer supermercado Brito, ahora tenemos cinco y varios restaurantes".

Supermercados que mueven veinticuatro millones de dólares al año y restaurantes que mueven doce millones de dólares al año, cifras inimaginables cuando empezó vendiendo el tomate que era para botar. Cuando apenas le empezaba a ir bien en el negocio, la madre de Brito, que para entonces aún vivía en México, se enfermó de cáncer. Sin pensarlo dos veces, Brito se devolvió a cuidarla por dos meses.

"Me devolví en bus porque todavía no me alcanzaba el dinero para el avión, y le preguntaba a mi Dios para qué me daba dinero si me estaba quitando lo que más quería. Eso reforzó lo que yo siempre he pensado y es lo que le digo a los inmigrantes que quieren venir o que están recién llegados. El dinero no lo es todo, lo más importante es la familia. Me preocupa ver que llegan esas parejas jóvenes y no se dedican a criar bien a sus hijos. Hoy en día veo mucho abandono, mucho desamor. Es que la gente se confunde, viene por el sueño americano, pero se olvida de que el sueño más importante es la familia. Todo lo que son mis hijos se lo agradezco a mi esposa, ella se concentró en formarlos bien mientras yo trabajaba. Ahora las mujeres, sobre todo las que tienen hijos tan jovencitas, no son así".

La madre de Jesús Brito vive en Estados Unidos desde hace varios años, disfrutando del progreso de todos sus hijos. Brito tiene un rancho al norte de Georgia donde él mismo siembra, limpia y cosecha, y lo hace por lo que él considera que es la clave de su éxito, porque le gusta, porque lo disfruta, o, en sus palabras: "Si eres comerciante y te gusta ser comerciante, ya eres exitoso, porque el comerciante no tiene horarios, ni fines de semana, la vida es el trabajo, no es fácil, pero si te gusta ser comerciante, disfrutas todos eso".

Le pregunto cuál es la diferencia entre él y otros miles de inmigrantes que, habiendo llegado igual de pobres, no han logrado salir de la pobreza. La respuesta ya se la dio él mismo hace tiempo y sigue siendo la misma.

"La diferencia está en arriesgarse, en superar el temor a lo desconocido. Mucha gente no se arriesga por pena o porque cree que va a caer, pero, si no lo intenta, ya ha caído automáticamente. Y lo otro es que, en muchos casos, los latinos llevamos veinte años en Estados Unidos y no hablamos inglés. Por eso seguimos siendo maltratados y no podemos defendernos, no es tanto la documentación sino que no nos preparamos para el reto que nos pusimos en la vida, al menos con el idioma. Creo que hay mucha gente que no debió haberse venido, esos que en vez de construir destruyen. Y es que no todos pueden ser Jesús Brito, acá a mucha gente esto se le convierte en una jaula de oro, como dicen los Tigres del Norte".

Le digo entonces que si él tomó clases de inglés y me dice que no, que solo tuvo sesenta horas de instrucción antes de presentarse al examen para hacerse ciudadano, pero que aprendió en la calle, hablando y oyendo sin pena y sin miedo, y viendo televisión en inglés. Y como si intuyera mi siguiente pregunta, agrega: "Amo a mis dos patrias, acá nacieron mis hijos, entonces cómo no voy a amar a este país, pero mi México me hace hervir la sangre, como mi México no hay dos. Sin embargo, yo creo que soy más gringo que hispano".

Mientras aprendes a hablar el idioma hay que hablar con la actitud

He aquí una de esas historias por las que nadie apostaría un peso y, sin embargo, su protagonista vale oro. Ella es lo que yo llamaría el perfil ideal del carácter del buen inmigrante: nada que perder, todo que ganar. El mejor aliado de un inmigrante, además del trabajo duro y el respeto por el país que lo recibe, es que nada lo cohíba, que en cierto sentido todo "le resbale", desde no hablar inglés hasta los sentimentalismos por la familia y el país que ha dejado y, por supuesto, la opinión de los demás. Por eso Diana, hace nueve años Diana María Acosta Atencia, hoy en día Diana María Johnson, está donde va, y digo donde va porque intuyo que su historia es hasta ahora una mínima porción de lo que su vida de inmigrante la llevará a ser.

A los dieciséis años la vida le marcaba el mismo camino que su madre había seguido ya por treinta años: empleada doméstica. No obstante, su sueño era ir a la universidad, un imposible dentro de su panorama de posibilidades. Ya trabajaba en una casa de Medellín con una familia que le había conseguido la jefa de su madre. Así se fue de su natal Ayapel, en Córdoba, a la llamada Capital de la montaña. Una experiencia migratoria tan grande para su edad y estilo de vida que no podía imaginar que una más grande vendría después. La patrona era buena y no necesitó mucha paciencia para enseñarle a esa adolescente los oficios de la casa, Diana siempre ha aprendido rápido. Tan bien valoró su trabajo que la recomendó con unos amigos que estaban buscando niñera para que cuidara en Estados Unidos al bebé que esperaban.

"Me dijeron que me iban a pagar cuatrocientos dólares al mes. Para mí eso era una millonada, pensé inmediatamente que así sí iba a poder ahorrar para ir a la universidad, además iba a tener la oportunidad de viajar en avión".

Con esa mentalidad asumió su trabajo de lunes a sábado y de sol a sol, igual que en Colombia. Hoy en día comenta con gracia que no tenía cómo saber que en Estados Unidos nadie trabaja así y, mucho menos, por ese salario. "Pero incluso cuando me di cuenta de que era un salario muy bajo y un horario muy intenso, solo pensé que yo había asumido ese compromiso, que no me trajeron engañada y que lo debía cumplir por los tres años por los que me trajeron. Al fin y al cabo, yo no gastaba nada, para mí eso era plata, y siempre estaré agradecida".

Pronto aprendió a moverse sola en su día libre, aprovechaba los domingos para conocer la ciudad. Para no gastar dinero en taxi, con sumas por carrera que podían ser de treinta dólares por una distancia que en Colombia no costaría más del equivalente a cinco dólares, y ante la inexistencia del transporte público en muchas zonas de Atlanta, optaba por caminar.

"Caminaba una hora y quince minutos hasta Sandy Springs, solo por conocer. Así encontré una iglesia donde daban clases de inglés gratis y empecé a asistir y a conocer gente. Al tiempo ya tenía amigos". Diana recuerda que el primer año lloraba todos los días, "porque ahí es que uno se da cuenta cuánto quiere a la familia".

Cuando empezó el segundo año de estadía en Estados Unidos se sintió estancada, empezó a darse cuenta de que su mentalidad era sumisa y a ser consciente de que tenía que aprovechar más lo que podía obtener de su paso en este país. Y, contra todo pronóstico, a pesar de su corta edad y sus desventajosas condiciones, Diana aprendió lo que a muchos inmigrantes les toma años entender o jamás aplican. "El que viene tiene que saber que tiene que aprender el idioma, trabajar y adaptarse a las leyes, nada de música a todo volumen porque por eso es que ellos (los estadounidenses) no nos quieren, porque uno viene como a implantar el desorden. Los primeros dos años yo estaba muy apegada a mi Colombia, pero eso no me dejaba avanzar. Luego entendí que tenía que aprovechar que venía de un país tan hermoso para compartirlo con gente de tantas otras culturas que hay acá".

Y en ese compartir el amor hizo lo propio, se ennovió con un ciudadano local y, como era obvio, su inglés mejoró. Además, como ella dice, empezó a entender la cultura americana, y a darse cuenta de que si se quedaba acá "iba a poder hacer mucho más y más pronto que en mi país".

A la familia con la que trabajaba no le cayó muy bien que Diana abriera las alas. Por eso, cuando pasaron los tres años del acuerdo laboral y les dijo que se iba a quedar, le respondieron que este era un reto muy grande para ella. Sin embargo, Diana dice que no se sintió intimidada.

"Lo que me dio fortaleza es que ya tenía un inglés básico, había ahorrado cinco mil dólares (es que yo le mandaba plata a mi mamá, dejaba veinte dólares para mis gastos mensuales y de resto ahorraba todo lo que ganaba) Tenía historia crediticia porque me di cuenta de que eso era muy importante para ser independiente en este país. Todavía me quedaban seis meses de estadía legal vigentes, y tenía contactos. Es que yo había conocido a mucha gente en la iglesia. Lo bueno es que como la señora donde yo trabajé en Medellín fue tan especial conmigo y me quiso ayudar, yo tenía la idea de que la gente rica era buena, y por eso a mí nunca me dio miedo ni pena acercármele a la gente. Me hice amiga de las señoras de las iglesias metodistas, iba los domingos a sus casas, les limpiaba la nevera sin cobrarles nada y, luego, ellas en agradecimiento me recogían en mis días libres y me llevaban a la iglesia para que a mí no me tocara caminar. Vivían aterradas de que yo caminara todo eso con los calores del verano y los fríos del invierno. Y le dije a Dios que si él quería que yo me quedara acá, que me mostrara que sí me podía quedar.

Y resultó que en esos seis meses me puse a limpiar casas y a cuidar niños e hice más dinero del que había hecho en los tres años que llevaba acá. Cuando ya se iba a vencer mi visa, mi novio me pidió matrimonio. Él estaba asombrado de ver cómo yo trabajaba, y le había puesto pruebas para ver si me quería como yo era. Dejaba que me viera con mi ropa de trabajo, sin arreglarme y oliendo a detergente, a ver si se avergonzaba. Él me ayudó a mí pero yo también a él, porque verme le sirvió para darse cuenta de todas las bendiciones que él tenía y que no aprovechaba. Por eso él no quería que yo me fuera, y sabía que yo tenía claro que ilegal no me iba a quedar y que aunque ya había visto que acá podía hacer mucho, era consciente de que las cosas no eran iguales si no tenía papeles. Además, yo sabía que también en Colombia, llegando con esa platica, me iba a ir bien. Y entonces le dije que sí y nos casamos, pero no por papeles, como mucha gente, sino por amor".

Ahora Diana tiene un bebé, sigue casada, estudia mercadeo y negocios, y trabaja como analista de mercadeo para una compañía de telefonía y televisión por cable, en donde empezó como voluntaria. Se ríe, le pregunto por qué, y me dice que muchos de sus compañeros de universidad la criticaban por regalar su trabajo. Pero ahora, aún sin graduarse, ya tiene un buen empleo, mientras que a ellos les va a tocar empezar de cero por esperarse a tener el cartón. Y sigue haciendo voluntariado, sobre todo para los hispanos. Se oye preocupada cuando dice que en Georgia esta población es el treinta por ciento del total, pero solo el dos por ciento vota. Cuando les habla les dice que hay que contribuir con la comunidad, educarse en política, en las actividades culturales, no enfocarse solo en hacer dinero.

Le pregunto qué les diría a los que se quieren venir. Me responde que les preguntaría cuál es la meta que tienen y que les advertiría que si solo quieren venir por dinero, no van a aguantar. "Tiene que ser algo más profundo que el dinero o las cosas que se pueden comprar, eso es lo que lo mantiene a uno en los momentos difíciles. Si comparo mi historia con la de mis amigas veo que ellas no han hecho la mitad de lo que yo he hecho, porque no se deciden, están siempre pensando si se van o si se quedan, si aprenden o no el idioma, y no se educan, no se superan, y siguen ganado poco dinero. Y también les diría que tienen que pensar en un plan B por si las cosas no funcionan. Este no es el único país en el mundo, hay mucha gente que se cierra a que tiene que ser acá, pero no tiene que ser así".

Diana dice que impulsa a su familia en la costa Caribe de Colombia a que use la tecnología para progresar, a que acaben con esa mentalidad de estar viviendo varias familias juntas en la misma casa, mientras que los maridos trabajan para mantener a las mujeres y a los hijos. Le pagó a su hermano estudios en enfermería, a una de sus hermanas su carrera de profesora, a la otra cursos de informática, y le lleva ropa usada que le regalan acá para que ella la venda o la regale allá. Su madre pronto dejará de trabajar como empleada doméstica en Colombia para venir a visitarla a Estados Unidos. "Quiero darle a mi mamá el mismo poder que yo tengo ahora, y que disfrute de las cosas sencillas de la vida, como comer en un restaurante, ir al cine, darse una masaje".

Le digo que quizá muchos inmigrantes han sido tan trabajadores como ella, pero no están igual de bien. Reconoce que en su historia puede haber un golpe de suerte, pero recuerda que aunque estuviera muy cansada, no dejaba de hacer las tareas de inglés. "Es que si no te expresas cómo vas a mostrarle a la gente tu potencial, y mientras aprendes a hablar el idioma hay que hablar con la actitud".

Emigro, pero con mi profesión

Recién llegada a Atlanta estaba buscando médicos para que me atendieran a mí y a mi hijo. Como no hablábamos inglés, mi requisito era que los médicos hablaran en español. Preguntando a los conocidos y buscando en las guías de mi seguro médico terminé con un médico general nicaragüense, una pediatra cubana, y ginecóloga y odontóloga colombianas. La historia de ésta última siempre me causó curiosidad. Era la gran jefe de su consultorio, en el que empleaba no solo a otros colombianos sino a inmigrantes de Corea, China, Rumania, Vietnam, entre otros países, y también a muchos estadounidenses. Pero lo que más atrajo mi atención fue saber que ella no había estudiado odontología en Estados Unidos sino en Colombia. Había oído tantas historias de gente profesional en el área de la salud que migraba para ponerse a vender casas o seguros, o a hacer cualquier otra cosa que nada tenía que ver con la carrera a la que le invirtieron tanto tiempo, dinero y sacrificio, que no podía dejar de admirar lo que veía que había construido Sandra Vargas, mi odontóloga. Por eso, una semana antes de yo regresar a vivir a Colombia, fuimos a almorzar para que me contara cómo logró lo que hizo.

"Siempre venía a pasar los veranos a Estados Unidos porque mi papá vivía acá y yo tenía la residencia estadounidense gracias a él. Cuando terminé el colegio me vine a trabajar y a estar con mi papá mientras pensaba qué iba a hacer. Conseguí empleo en la recepción del restaurante de un hotel y así estuve cinco meses mientras averiguaba en universidades por los planes de estudio. Pero, definitivamente, no tenía plata para pagarlas, así que me devolví porque en Colombia sí podía pagar la carrera y sabía que podía pasar fácil en la universidad, pues era buena estudiante. Durante la carrera seguí viajando en los veranos y también me vinculé en misiones médicas con la organización *Healing the children*, que trabaja con niños con labio leporino y paladar hendido. Ellos fueron a hacer una misión a Teruel, Huila, el pueblo donde yo estaba haciendo el rural, y después de esa misión uno de los cirujanos, que trabajaba en Boston, me dijo que por qué no validaba mi carrera en Estados Unidos, ya que yo tenía buenas notas. La validación requería cursar los dos años de la parte clínica que hacen quienes estudian odontología acá. A pesar de que yo ya estaba graduada en Colombia, me entusiasmé, viajé a Boston y lo vi divino. Claro, como era junio y hacía calorcito, ni me imaginé lo que iba a ser el invierno ahí. Tenía ahorros que había conseguido vendiendo ropa que llevaba de Estados Unidos a Colombia después de las vacaciones, creía que me iban a alcanzar, pero los dos mil dólares que tenía solo rindieron para pagar la inscripción. Sin embargo, estuve tan de buenas (porque yo siempre he dicho que he tenido un angelito) que un cirujano me ofreció trabajo mientras empezaban las clases. Era durísimo porque me tocaba tomar tres transportes diarios y luego caminar para llegar al trabajo, y aunque ahorré de lo que gané, tampoco me alcanzaba, así que me tocó hacer préstamos y, al final, cuando me gradué, salí con una deuda de ciento sesenta mil dólares. Después de terminar esos dos años tenía que presentar los exámenes para poder ejercer, que no solo los tienen que presentar los que quieren validar sino, incluso, los que han estudiado toda la carrera acá. Esos exámenes son fregadísimos y hoy en día hay que presentarlos antes de tomar las clases. A mi consultorio vienen odontólogos graduados en Colombia y no los puedo contratar ni como higienistas, porque hasta que no pasen esos exámenes no pueden ejercer".

En este punto de la conversación interrumpo a Sandra para preguntarle por qué, si ya estaba graduada, se sometió a estudiar dos años más y a pagar ese montón de dinero extra. Por qué tenía tantas ganas de ejercer su carrera acá y no en su país. "En Colombia nunca me faltó nada, pero no teníamos plata, y me pasaron cosas como atracos, o que me subieron la falda en el bus y eso me daba mucha pereza. Yo adoro a Colombia, pero siempre me pareció que yo iba a tener un mejor futuro acá en Estados Unidos. No me equivoqué, porque ahora los compañeros que se graduaron conmigo en Colombia no tienen la calidad de vida que yo tengo. No pueden viajar ni disfrutar en familia, porque allá viven para trabajar, mientras que acá yo puedo trabajar para vivir. El trabajo es una vía para poder vivir, pero no la vida entera. Allá hay mucha competencia, solo en Bogotá hay como diez escuelas de odontología, acá en Georgia solo hay una y, además, todos esos líos con las EPS son una esclavitud para los profesionales. Yo adoro mi trabajo, me encanta lo que hago, pero no tengo que sacrificar a mi esposo ni a mis niñas por estar trabajando. Eso sí, yo tenía claro que si me venía iba a ser para trabajar en mi carrera, nunca pensé en abandonarla. Cuando me gradué acá empecé a trabajar en el consultorio de un odontólogo, pero no me gustaba que me dijeran cómo tenía qué hacer las cosas, o qué materiales debía usar, por eso empecé a buscar un consultorio para independizarme y, cuando mi jefe se dio cuenta, me echó. A pesar de eso pude conseguir un préstamo de doscientos cincuenta mil dólares para abrir mi propia oficina, que pintamos entre mi marido y yo, y abrimos en julio del año 2000. Mi esposo, que es administrador y hasta entonces trabajaba en restaurantes, dejó ese trabajo para venirse a administrar el consultorio. Al principio entre los dos nos encargábamos hasta de la limpieza, y trabajábamos de siete de la mañana a siente de la noche, pero hemos ido creciendo. Eso sí, los primeros cinco años de trabajo fueron para pagar las deudas, no había plata para nada más, pagamos la deuda de la de la universidad y la del consultorio".

Le pregunto a Sandra si le recomendaría a otros profesionales de su área hacer lo que ella hizo, y me dice que cree que a ella le fue bien por varias razones, pero la principal fue porque todo se le fue dando, por eso les dice a los que les salgan oportunidades que las tomen, y luego agrega que, de todos modos, cree que para ella fue más fácil porque vino luego de graduarse. Dice que ve cómo es de duro para sus colegas adaptarse cuando llegan después de ya haber ejercido en su país de origen. También me recuerda que ella nunca tuvo problemas por papeles, y que aunque no es imposible lograrlo para quien llega indocumentado, en esos casos las personas deben trabajar por mucho tiempo en empleos que no tienen que ver con la profesión, y que luego, por los compromisos económicos, les es muy difícil dejarlos para asumir el reto de validar la carrera y adaptarse al estilo de trabajo de acá.

Sandra es menuda, trigueña, no oculta su origen latino aunque pudieran confundirla, como a mí, con una mujer de la India. Por eso le pregunto: ¿Alguna vez te has sentido discriminada?

"El ochenta por ciento de mis pacientes son estadounidenses, jamás me he sentido discriminada. Es que son personalidades, hay gente que se siente discriminada por todo. Lo más que me ha pasado es que un paciente se disgustó porque las asistentes estaban hablando entre ellas en español, pero él tenía razón, eso no es profesional, por eso yo les digo a mis empleados que hablan otras lenguas que, por respeto, les hablen a los pacientes en inglés. Pero con eso de la discriminación muchos inmigrantes no ven la *big picture* (el todo, el objetivo) y por eso se les van los años añorando estar en sus países o quejándose de la discriminación y, cuando miran hacia atrás, no han hecho nada".

Sin arrepentimientos, pero con un asunto pendiente

"Toda mi vida había soñado con venir a los Estados Unidos, y el momento de hacerlo fue cuando me quedé sin trabajo porque cerraron la fábrica de gomas (llantas) en la que trabajaba. Habían empezado a importar gomas de Brasil y la fábrica quebró".

Así recuerda Sonia Plata los días en los que tomó la decisión de dejar su natal Uruguay, ese país que amaba, pero en el que no se sentía completamente libre. Aunque nadie la discriminaba y ella intuía que sus amigos sabían que ella era homosexual, jamás se había atrevido a decirle a alguien que lo era y, mucho menos, había hablado de que quería hacerse una cirugía de cambio de sexo. "Es que cuando sos así es como si no fueras una persona, y yo pensaba que en Estados Unidos sería diferente".

Han pasado veintitrés años y Sonia aún recuerda con detalle cada paso de esa larga travesía que la llevó a cruzar casi todo el continente. Entrar a México fue casi tan difícil como entrar a Estados Unidos y, cuando llegó acá, se dedicó a trabajar día y noche. "Eso es lo bueno, viste, yo allá también trabajaba mucho, no tanto como acá, pero aunque trabajaba tenía dificultades hasta para comprarme un pantalón, acá trabajo mucho pero me puedo comprar un pantalón".

Por eso, Sonia dice que no se arrepiente de haberse venido. Pero, cuando le pregunto por qué no se hizo la cirugía de cambio de sexo, su respuesta revela que este país le ha dejado un dolor. "Bueno, se fue pasando el tiempo... Si hubiera podido legalizar mi situación migratoria lo hubiera hecho, pero si soy ilegal ¿de qué me va a servir?".

De todos modos acá sí ha podido vivir su género con mayor libertad, convive con su pareja, también uruguaya, y aunque por evitar hacer sentir incómoda a la gente se abstienen de demostrar su afecto en público, de las puertas de su casa para adentro son una pareja, una familia, y nadie las discrimina por eso. Pero son ciudadanas ilegales a pesar de que cuando entraron a este país no había persecución a los indocumentados. "Cuando yo llegué me permitieron sacar un número de *tax id* (identificación de impuestos) para que pudiera pagar impuestos y los he pagado sin falta, también pude comprar mi casa, me dieron licencia de conducir y me dieron esperanza de que un día podía ser legal". Eso es lo que Sonia reprocha. Que lleva veintitrés años viviendo con una esperanza y que, al pasar el tiempo, en vez de ver materializada esa esperanza, la ve apagarse.

"¿Por qué, de un día para otro, nos quitan lo que nos han dejado tener? En 2004 ya no me renovaron más mi licencia de conducir, ya no puedo comprar casa. Aunque tengo el dinero para irme a una mejor, me toca quedarme en esta porque ya no me venden una casa. Pero nos siguen manteniendo la esperanza, por eso es que no me voy. Bush trató de legalizarnos y lo intentó pero no pudo, Obama prometió hacer algo y ni siquiera lo intentó. ¿Por qué nos cortan todos nuestros sueños de raíz? ¡Por política! ¡Por querer subir escalones a costa de nuestros sueños! Es frustrante tener que salir todos los días a trabajar y no saber si vas a regresar".

Le pregunto a Sonia si se regresaría a su país en caso de que le dijeran claramente que no habrá una solución, que jamás podrá legalizar su situación migratoria. Me mira, suspira hondo, y me dice que sí. Veo que no lo duda sino que necesita tomar aire para aceptar que en ese caso habría perdido veintitrés años de esperanza y de arduo trabajo porque tendría que regresar perdiendo lo que ha construido.

"Yo no me quiero morir acá, yo quiero volver a mi país. Trabajar un poco más, juntar un poco de dinero e irme, pero no me puedo ir ya porque, si me voy, no conseguiré trabajo allá. He limpiado casas desde que llegué a este país y, si me voy a hacer lo mismo a Uruguay, no voy a tener ni los mismos ingresos ni el mismo estatus. Si vendo mi casa ahora me van a dar la mitad de lo que me costó porque la economía está mal, así que devolverme ahora es perder todo, tener que empezar de cero allá. Si me dijeran venite que vas a poder tener un trabajo del que vas a poder vivir, o si tuviera diez años menos, lo haría, pero si me pudiera legalizar sería más fácil planear el regreso, es que yo quiero vivir la jubilación en mi país".

—Sonia, ¿qué le dirías a la gente que está en tu país igual que como tú estabas hace veintitrés años, trabajando mucho, pero sin que el dinero les alcance para comprarse un pantalón, les aconsejarías que se vinieran para acá, que hagan lo que tú hiciste?

—No, les diría que no lo hagan, sé que hay que estar en los zapatos de la persona que quiere venirse, pero ahora cruzar es un peligro, yo no lo volvería hacer. Y es que aunque hubiera reforma migratoria, eso solo beneficiaría a los que ya llevamos un tiempo acá, no a los recién llegados, así que vendrían a vivir lo mismo que otros hemos sufrido.

En sus ratos libres, Sonia sirve de voluntaria en una organización de ayuda a los inmigrantes indocumentados, por eso sabe que hay mucha ignorancia, que muchos se vinieron con ideas erróneas, como que después de cinco años de estadía ilegal se puede pedir la residencia, otros dicen que son diez años. "No saben nada, no se informaron, y cuando llegan acá se dan cuenta del error".

El estado de Georgia invitó a miles de inmigrantes, mexicanos principalmente, a venir para poder tener la mano de obra necesaria para construir las obras para los Olímpicos de 1996, porque si no iba a ser imposible terminarlas a tiempo. Los dejaron pasar con una política en la que las autoridades de inmigración se hacían las de la vista gorda y, luego, cuando ya no los necesitaron más, no les facilitaron las cosas para quedarse, se tuvieron que quedar como ilegales y ahora los persiguen. Algunos se devuelven, pero muchos no pueden, han echado raíces y se han condenado a vivir con miedo.

"Es que es difícil hacer un perfil de cuál es el que va a tener éxito y cuál no, no basta con tener las agallas para pasar la frontera, nadar en el río, cruzar el desierto, eso no es ser inmigrante, se necesita más braveza para resistir el día a día en la ilegalidad, el miedo a ser detenido, semana a semana, mes a mes, año tras año. No es fácil, no es para todo el mundo, a muchos el hecho de que los puedan detener en cualquier momento por no tener una licencia de conducir los achica, los deprime como no se imaginaban, es que uno no sabe lo que va pesando día tras día ser ilegal, te cansas, dices ya no puedo más, y claro, al otro día te levantas y sigues porque no hay de otra, pero se te va acumulando ese peso".

Sonia me insiste en que aunque quisiera regresar a su país no se arrepiente de haber venido, acá está mucho mejor económicamente de lo que estaba allá, y esa fue la razón que más la motivó a viajar. Sin embargo, insisto en la otra razón, la de vivir su sexualidad con libertad, la de tener la posibilidad de transformarse físicamente. Lo que me responde me hace ver que los indocumentados no se pueden beneficiar al ciento por ciento de algunas de las cosas que les resultan más atractivas de Estados Unidos, en su caso el progresismo ideológico de algunos sectores de la sociedad.

"Hay estados donde es legal el matrimonio entre personas del mismo sexo, pero mi pareja también es ilegal, entonces de nada nos sirve eso. Y, a veces, no te voy a decir que vivo frustrada, pero a veces sigue siendo impactante mirarse al espejo y ver que no me veo como yo me siento. Yo quería verme por fuera como me sentía por dentro, pero, si soy indocumentada ¿de qué me sirve transformarme físicamente?".

Restaurantes mexicanos, el punto de partida para muchos

Desde que llegué a Estados Unidos empecé a conocer gente que se ganaba la vida trabajando de mesero en restaurantes. Contrario a otras partes del mundo, en Estados Unidos se puede tener un ingreso más o menos bueno atendiendo mesas, ya que la cultura de dejar buenas propinas está ampliamente arraigada y es mal visto no hacerlo. Mientras que en América Latina nos sentimos muy generosos dejando el diez por ciento del valor de la cuenta como propina, en Estados Unidos esa es una cifra de auténtica tacañería. Mínimo un quince por ciento si es que hubo algún problema con el servicio, dieciocho por ciento si estuvo bueno, y veinte por ciento si estuvo muy bueno. Varias de las personas que trabajaban conmigo en CNN en Español empezaron "mesereando", la mayoría en restaurantes mexicanos, cuyos propietarios, paradójicamente, no eran mexicanos. Pero voy a hablar primero de uno que sí lo es.

La cadena de restaurantes Frontera, con trece sucursales, fue la base del emporio empresarial que hoy tiene Norberto Sánchez. Con él hablé brevemente durante un espacio que logró abrir en su agenda la secretaria que le coordina sus actividades gerenciales en esos restaurantes, más dos italianos y uno de carnes. Es que como dice este ingeniero del Instituto Tecnológico de Monterrey, que llegó a Atlanta a hacer una maestría en ingeniería mecánica y robótica, siempre le enseñaron que había que crear un negocio propio. Por eso reunió diez mil dólares con dos socios para montar el primer restaurante Frontera. El trabajo fue tan demandante y el resultado tan prometedor que, dos años después de iniciado el negocio, renunció a su trabajo como ingeniero.

"Teníamos problemas con los proveedores de carne, la calidad y la disponibilidad eran variables, entonces, en vez de estar peleando y sufriendo por eso, creamos una compañía de carnes y así garantizamos el autoabastecimiento. Luego empecé a abastecer a restaurantes de la competencia y, hoy en día, somos uno de los primeros proveedores de carnes para todo el sur de Estados Unidos. Vendemos cincuenta y cinco millones de dólares al año, aunque deberíamos vender cien".

Con las jugosas ganancias este hombre decidió invertir en otro tipo de negocio. Así fue como compró, en el año 2006, cinco estaciones de radio que hoy en día son doce y que crecen a un ritmo del cuarenta por ciento anual. "Y no es que haya más clientes, sino que hay que quitarles los clientes a la competencia, además bajamos los gastos de administración".

Por la crisis económica confiesa que ha vuelto a dejar de dormir bien. Con su influencia como empresario, y desde su cadena radial, trata de hacerles ver a las autoridades que los indocumentados son el corazón de la industria de alimentos en el país, una industria que se nutre de gente joven, como la gran mayoría de los hispanos. Asegura, además, que ahora le toca contratar a través de agencias de empleo porque a los hispanos ya les da miedo llegar a pedir trabajo, y que le ha tocado contratar a veinte personas no hispanas para realizar las actividades que antes hacían cinco hispanos.

Norberto dice haber hecho encuestas informales en las que encuentra que el 75 por ciento de los hispanos sin documentos se quieren ir, pero no lo hacen porque no pueden volver a entrar. La persecución de la patrulla migratoria acabó con la inmigración estacional o llevó a que hombres migrantes trajeran a sus familias a las que hasta entonces solo dejaban en la temporada de trabajo. Por eso él dice que no invita a la gente a que venga porque la situación está muy difícil, pero a los que ya están acá los insta a trabajar fuerte, con la convicción de que la constancia y la intensidad en el trabajo dan frutos. Pero, sobre todo, los insta a encontrar la pasión, lo que los motiva a no cansarse.

Los otros puntos de llegada para el primer empleo de muchos hispanos jóvenes que conocí en Atlanta son otros dos restaurantes mexicanos de propiedad de colombianos. Tijuana Joe's, el más emblemático, pertenece a un grupo de hermanas de Pereira que fueron migrando como lo hacen muchos. Primero se vino una, tanteó el terreno, y cuando ya tuvo alguna estabilidad se fue trayendo a las otras. Algunas de ellas se casaron con extranjeros, tuvieron sus hijos y viven tan unidas como si vivieran en Colombia. Son un ejemplo de migración exitosa, un caso en que no hay hijos separados de sus padres, mujeres lidiando solas con la crianza de sus bebés ni abuelos separados de sus nietos. Ellas viven en Atlanta más conectadas con Colombia que si vivieran allá. Apoyan causas sociales, construyen ciudadanía desde la distancia y movilizan el espíritu de sus compatriotas migrantes para que no olviden de dónde vienen, y para que tengan gestos de agradecimiento y retribución con su país de origen desde sus esferas de inmigrantes privilegiados.

La Parrilla es otro restaurante de comida *tex mex* propiedad de colombianos, también de Pereira, que han logrado ponerse por encima del promedio y ser no solamente un restaurante para hispanos, sino para todos los que valoran el sabor de la comida mexicana, pero exigen un nivel de calidad superior en la presentación de los platos, en el servicio y en el ambiente. Uno de los socios tuvo hace muchos años un accidente de tránsito por el que quedó levemente lesionado, demandó a la aseguradora del conductor con quien tuvo el choque y así le entró un dinero que nunca en su vida había visto junto. Llamó a su mejor amigo, ya migrante también, y empezaron un restaurante mexicano, para ir a la fija. Hoy en día los hermanos y sobrinos de ambos administran las más de diez sucursales que han abierto alrededor de Georgia, y varios de los que han pasado por ahí han salido a crear nuevas cadenas de restaurantes, a volar con sus propias alas. Al parecer, hasta ahora, hay para todos.

SEGUNDA PARTE
L A PESADILLA AMERICANA

Los hijos

La convulsión que convulsionó sus vidas

Cuando estudiaba en un internado de Fusagasugá, Alejandro no veía la hora de graduarse para viajar a Estados Unidos a aprender inglés, como lo harían la mayoría de sus compañeros. Con el respaldo económico de su padre, así lo hizo. Pasados unos meses de su nueva vida, Alejandro pensó que podría quedarse a estudiar diseño gráfico e, independiente como ya se sentía, con su propio carro, un apartamento arrendado, un trabajo como mesero y, tras haber hecho unas "cuentas alegres", decidió comunicarle a su padre que ya no necesitaba que lo mantuviera. De nada valieron los llamados de su familia para que regresara.

Catorce años después, Alejandro se arrepiente de haberse dejado guiar por esa falsa sensación de libertad e independencia, pero poco puede hacer para cambiar el rumbo que tomó su vida. Hablo con él y con su esposa en la sala de una casa que pronto entregarán porque se declararon en banca rota.

Durante el tiempo que dura la conversación, su bebé de dos años juega y camina de un lado para otro. A penas está aprendiendo a decir mamá. Dieciocho meses de su corta vida ha estado con una familia sustituta y, por poco, cambia para siempre de cultura, de identidad y de apellidos.

Una mañana de domingo Mariana bajó a la cocina a prepararle el tetero al bebé, que estaba por despertar. Al volver, el niño estaba moviéndose bruscamente, convulsionado, agitado y sin control. Mariana y Alejandro llamaron al servicio de ambulancia, su única preocupación era llegar al hospital para garantizar la recuperación de su hijo y entender qué era lo que estaba pasando. Pero, tras poner un pie en el centro asistencial, empezó una pesadilla.

—¿Qué le hicieron al niño, qué le hicieron al niño? —gritaba energúmeno el cirujano que lo estaba atendiendo.

—Voy a hacer lo posible por salvarlo, pero creo que se va a morir.

En medio del impacto por la noticia, la pareja tuvo que atender las preguntas de la policía, citada por el hospital, y del Departamento de recursos humanos del estado de Alabama que les dio la primera de la serie de malas noticias que recibirían durante los próximos meses. El niño, a quien le habían practicado una craneotomía, debía permanecer bajo el cuidado de una familia sustituta. Las autoridades sospechaban que la causa de la convulsión era el síndrome de *baby shaking*, es decir, sospechaban que los padres habían estrujado al bebé de tal manera que lo hicieron convulsionar.

Aturdidos por lo que oían, pero ignorantes aún de la trascendencia de la sospecha, Alejandro y Mariana se mostraron prestos a colaborar con los servicios de familia, convencidos de que ello demostraría su inocencia en el caso y su idoneidad como padres. Se sometieron a pruebas de ira, a escuelas de padres donde, según sus palabras, el noventa por ciento de los padres y madres que asistían no podían ni hablar bien, no tenían cultura ni educación básicas y tenían problemas, entre los que se contaban alcoholismo o drogadicción. Les recomendaron contratar un abogado. El que pudieron encontrar acorde con su presupuesto les cobró de inicio cinco mil dólares, de los cuales descontó quinientos tras el primer contacto. Doscientos cincuenta por la primera llamada y doscientos cincuenta por el primer correo electrónico. Les quedaban cuatro mil dólares para usarlos en el largo proceso judicial que se les venía por delante. Poco tiempo después, y con el proceso en su punto más enredado, ¡el abogado les informó que le estaban debiendo dos mil quinientos dólares!

En este punto Mariana y Alejandro ya habían recibido información que aumentaba su ansiedad. Adoptar un hijo en Estados Unidos es un proceso que puede costar unos treinta mil dólares, pero quienes se ofrecen como voluntarios a ser padres sustitutos no pagan más de unos mil quinientos dólares. La familia sustituta que tenía a su bebé era voluntaria del hospital en donde lo habían atendido y, de hecho, ya habían adoptado un hijo por vía de dicho voluntariado. Con el concepto del médico cirujano que aseguraba que el niño fue maltratado, no tenían ninguna carta a su favor.

La primera luz de esperanza vino de parte del propio médico cirujano quien, cuatro meses después de atender al niño por primera vez, le practicó una nueva resonancia magnética y dictaminó que si bien la causa de la convulsión no estaba determinada, no fue maltrato. Pero la nueva valoración no fue tenida en cuenta por el Departamento de recursos humanos del estado, que insistía en que como lo que le ocurrió al niño sucedió mientras estaba al cuidado de sus padres, aplicaba la llamada Ley de Dependencia, por la cual el estado tenía derecho a quitarles la custodia del niño ante la posibilidad de que este corriera peligro. Así las cosas, la decisión seguía en manos del juez que, no obstante la contundencia del nuevo concepto médico, archivó el documento.

Entretanto, la relación de la pareja (que se había conocido en circunstancias muy casuales) se deterioraba. Mariana, que estudiaba sicología en Bogotá y trabajaba en una oficina bancaria, estaba recién divorciada de un primer matrimonio que contrajo a los veintiún años. En esas circunstancias se fue a vivir a la casa de una compañera de trabajo que tenía un hijo (Alejandro) que vivía en Estados Unidos. A los pocos meses el joven llegó de visita con su esposa estadounidense, con quien se había casado a escondidas del padre de ella, pues el señor no estaba de acuerdo con que su hija se emparentara con un latino. La química entre Alejandro y Mariana surgió casi a primera vista en los pocos días que él estuvo de visita en Colombia. Luego, acabado el matrimonio de él con su esposa estadounidense, esa química se convirtió en amor por internet, hasta que ella decidió dejar su carrera para mudarse a Estados Unidos con la idea de darle una nueva oportunidad al amor. Aunque en un principio no vivieron juntos, el embarazo los llevó a vivir bajo el mismo techo y el futuro pintaba estable hasta que se vieron envueltos en la pesadilla de la pérdida de su bebé. Mariana dice que no había día que no llorara, que se pasaba los días esperando las visitas semanales con el niño, siempre acompañadas por una trabajadora social, en las que ella y Alejandro veían cómo su bebé se encariñaba con sus padres sustitutos, los abrazaba, los llamaba papá y mamá en inglés, mientras que sus padres biológicos le resultaban casi desconocidos.

Diez meses después de ocurridos los hechos y tras hacer presión con el envío de una carta semanal, el departamento de recursos humanos les ofrece algo parecido a una negociación. Los padres del niño en custodia firmarían un documento en el que aceptaban que la autoridad tenía derecho a quitarles al niño y el departamento emitiría un concepto favorable ante el juez en el que recomendaría la reunificación familiar del menor. Ambos aseguran que era la manera en que el departamento se protegía de una eventual demanda. Con el nuevo documento, el juez anuncia que tomará una decisión una semana después, pero ese tiempo se extiende por nueve meses, al punto que el segundo abogado que estaba llevando el caso se frustra y renuncia. El padre de Alejandro, abogado de profesión, e impotente ante la situación de su hijo y nuera, decide escribir una carta al consulado de Colombia en Atlanta, en la que explica paso a paso todo lo acontecido.

La cónsul reacciona indignada y busca a la pareja para empezar a tomar cartas en el asunto, aunque era poco lo que podía hacer. El niño no había sido registrado como colombiano y sus padres ni siquiera tenían las cédulas de ciudadanía vigentes. Después de sortear esos inconvenientes, la cónsul viaja a Alabama, aprovechando que el niño estaba con sus padres biológicos en una de las visitas semanales, a tomarle las huellas digitales, y escribe una carta al juez invocando la convención de Viena para que resuelva el caso a favor de la joven pareja colombiana.

Durante ese tiempo buscan más elementos a su favor. Se casan, con la esperanza de que el matrimonio sirviera de evidencia de que podrían brindarle al niño la estabilidad de un hogar legalmente constituido. También le piden al cirujano tratante del menor que testifique ante el juez con el mismo concepto de "no maltrato" que ya había proporcionado por escrito meses atrás, pero el médico les cobra tres mil dólares por visitar el juzgado. Sin posibilidad de pagar más dinero, se atienen de nuevo a los tiempos del juez. Dieciocho meses después de iniciado su calvario son llamados de nuevo a la corte y, por primera vez, salen del recinto con una buena noticia: tendrán a su hijo de vuelta en casa si pasan la prueba de acogerlo paulatinamente durante un período de tres meses. La primera semana lo pueden tener un día y una noche, luego evaluaciones, la segunda semana lo pueden tener dos noches, más evaluaciones, más días y más noches. Ahora que la normalidad ha vuelto a sus vidas, le enseñan a decir mamá y papá en español, a comer arroz, a tomar jugos naturales y, aunque se les parta el corazón, lo ignoran cuando les habla en inglés para encaminarlo en la enseñanza del idioma en el que fue concebido.

Al término de la extensa conversación, les pregunto qué hubieran hecho diferente. Me responden que hubieran llamado antes al consulado. Les pregunto por qué no pensaron en que tienen un estado que los respalda. Me dicen que "uno no cree que esas cosas funcionen". La respuesta indignaría a la cónsul quien, meses atrás, se quejaba de que la mayoría de los casos que debe resolver tienen en la falta de sentido de pertenencia por el país que dejan los migrantes, uno de los mayores inconvenientes. Se olvidan de sus deberes, no reclaman sus derechos, y cuando les toca ir al consulado, muchos llegan predispuestos a que nada funcione. Los que la tienen, se sienten orgullosos de su residencia o ciudadanía estadounidense, incapaces de reconocer que aunque no quieran ser de allá, tampoco son de acá. No es el caso de Alejandro y Mariana, quienes con humildad dicen que sin la ayuda del estado colombiano quizá habrían perdido a su hijo, no habrían salido del estereotipo de padres ignorantes que no estaban en condiciones ni de criar ni de luchar por su bebé, como varios de los centroamericanos a los que en la clase de padres los intimidaban con preguntas incomprensibles como: "¿Hablan mexicano?". Contra la ignorancia no hay quien asuma una defensa, pues es parte de estar en el lado débil del fenómeno migratorio.

Les formulo de nuevo la pregunta: ¿qué hubieran hecho distinto, pero antes antes de venirse a Estados Unidos? Alejandro dice que debería haberse puesto un límite de tiempo para cumplir lo que quería y reflexiona: "Allá no me faltaba nada, y aquí se empezó a dar todo, tenía independencia, apartamento propio, carro, pero eso es una ilusión". Mariana da una respuesta resignada, me parece que trata de olvidar que tuvo la posibilidad de ser sicóloga, una carrera de más prestigio que la que ahora estudia, enfermería. "Acá es aburrido pero, para mi profesión, me va bien".

La perfidia que los desnudó ante la nueva cultura

Domitina conoció a Ovidio por teléfono. Su tío, que hacía tiempo vivía en los Estados Unidos, estaba de visita en su natal Comapalapa, Guatemala, y la entusiasmó para irse con él en el próximo viaje al norte. Así podría, por fin, conocer a ese Ovidio tan trabajador y tan bueno al que ya llevaba un tiempo recibiéndole llamadas. Su tío decía que era un buen partido. Domitina pensó: "Voy, lo conozco, y si es un señor viejo y no me gusta, pues me voy pa donde mi familia que vive en otro estado". Ese era todo su plan, pero fue suficiente para embarcarse en una travesía de un mes por el desierto y el cruce de dos fronteras. De entonces a ahora han pasado ocho años, cinco hijos y mucho dolor.

La cuna de Debbie, la menorcita, está, a pesar de que es invierno, en el pórtico de la casa, empolvada, descascarada, y entre la colchoneta manchada por la humedad y rastros de lluvia hay algunos juguetes, envejecidos también. No es la imagen de objetos muy usados sino todo lo contrario, es la de esos que pasan de un rincón a otro de la casa, como estorbos. Pero, en este caso, como un recuerdo que cumple la doble función de perturbar la existencia y conservar la esperanza. Solo once días de uso tuvo la cuna. El día que Domitina fue a presentarles la nueva hermanita a sus otros cuatro hijos, a cargo de una madre sustituta, se la quitaron. Y como pasó con los demás, ella tampoco entiende por qué.

El primer parto fue de gemelos, sietemesinos. Hoy tienen siete años, solo el niño camina y logra decir algunas palabras. Por eso a Domitina no se le olvida que el día que las autoridades de protección infantil rodearon su casa para llevarse a sus hijos, el niño, entre el llanto, la llamaba mamá y le pedía que se fuera con él y sus hermanos. El llanto ahoga sus palabras al recordar el día más doloroso de su vida, para de hablar, limpia sus lágrimas, se aprieta su vientre con las manos, intenta aclarar la voz para continuar, no puede… Ovidio la mira, impotente, como lo hace desde que toda esta pesadilla comenzó.

De los embarazos siguientes nacieron un varón que ahora tiene seis años, una niña de cinco y otra niña, hoy de tres años. De los cinco, solo dos hablan y caminan, aunque con retardo.

Solo después de que les quitaron a los niños oyeron hablar de una enfermedad mitocondrial poco frecuente que, según una mutación del ADN en la parte de la célula conocida como mitocondria, puede generar desde pérdida del control motor hasta dificultades para tragar y retardo en el crecimiento, entre otras consecuencias. Pero el doctor que atendió a los niños cada que ella los llevaba a control o a consulta extemporánea porque veía a sus hijos muy flacos y sin evolución, solo le mandaba a reforzar el tetero con cereal. Además, Domitina se esforzaba en prepararles la comida de su tierra, frijoles, milpa, todo lo que ella consideraba de mucho alimento. Ella y su esposo sospechan que fue el mismo doctor o alguien del consultorio quien puso la queja antes las autoridades. Llegaron de sorpresa, negociar fue imposible. La familia vivía en una casa de cuatro cuartos, junto a los miembros de otras tres familias. En total eran catorce personas, todas de Guatemala, en una sola casa.

Domitina no estaba en ese momento. Cuando regresó le contaron y la calmaron, asegurándole que les fue bien, al menos eso fue lo que dijo el intérprete que acompañó a los funcionarios de protección infantil. Les habían dado plazo de una semana para que consiguieran una casa solo para ellos, y ordenaron que ella tendría que dejar su trabajo para poder dedicarse ciento por ciento a cuidar de los niños. Hicieron ambas cosas, a pesar de que vivir en una sola casa implicaba más gastos y de que los ingresos de Domitina eran vitales para la manutención de la familia.

La fábrica de alfombras en la que trabajaba Ovidio había sido golpeada por la crisis económica, y a él le habían bajado las horas semanales de trabajo de sesenta a cuarenta y dos. A pesar de las dificultades, estaban aliviados, porque así garantizaban que podían quedarse con sus hijos. Al menos eso era lo que ellos creían. La noche en que se los llevaron a todos, les dieron una citación ante el juez. En la corte, el argumento que usó la abogada designada es el mismo que prevalece hasta ahora. Los niños, todos ciudadanos estadounidenses, necesitaban permanente atención médica; pero los padres, ambos indocumentados, no tenían licencia de conducir para poder desplazarse a cumplir las consultas con el médico, ni para asistir a un empleo que les proporcionara ingresos para pagar el tratamiento tan costoso, por partida cuádruple. Y si hacían falta cifras, la abogada las dio, cada cama para una persona con los problemas motrices de los niños costaba alrededor de siete mil dólares.

Mientras duró el proceso, Domitina y Ovidio podían visitar a sus hijos un día a la semana, por ocho horas cada vez. Una rutina que solo duró tres meses. Un día, Ovidio se equivocó con el medicamento que correspondía darle a uno de los niños, razón suficiente para que la trabajadora social que vigilaba las visita conceptuara la inhabilidad de los padres para cuidar de unos niños en tal estado de vulnerabilidad. Les rebajaron el tiempo de visita a cuatro horas por semana, y luego a dos, porque el estado solo tenía dinero para seguir pagando a la vigía por ese tiempo.

La cónsul de Guatemala en Atlanta me dice que este es de los peores casos que ha visto en toda su carrera diplomática. Agrega que el inmigrante promedio entre sus compatriotas piensa que lo más difícil es cruzar la frontera, y aunque reconoce que para muchos eso es cierto, es contundente al decir que la vida se les destruye ante la menor adversidad familiar, educacional o de salud. El consulado les pagó a Ovidio y a Domitina dos abogados a un costo de doce mil dólares. Perdieron, pero solo se dieron cuenta cuando fueron a acompañar a los niños a la visita pediátrica mensual. El departamento de familia les permitía asistir a las citas médicas de los niños y se encontraban con la madre sustituta en el consultorio unos minutos antes de la hora de consulta. Pero ese día la señora se sorprendió al verlos y les prohibió abrazar a los niños. Ellos no entendían qué estaba pasando, veían a la señora hacer llamadas y hablar airadamente. De pronto recibieron una llamada de su abogada, les explicó que ya habían perdido la patria potestad de sus hijos. La juez había fallado tres días después de la última audiencia en la corte, pero la abogada no había tenido la consideración de llamarlos a avisarles. En rigor, al ir a encontrarse con sus hijos, estaban violando la ley. He ahí el enojo de la cuidadora de los pequeños.

Desconcertados por la noticia, preguntaron qué podían hacer. Solo cabía presentar un recurso de apelación en un plazo que se vencía en diez días. La abogada lo presentó en el día décimo y no fue acogido. Habían perdido a sus niños. Han pasado siete meses desde aquellos sucesos. Domitina y Ovidio consiguieron un nuevo abogado que ahora tienen que pagar de su propio bolsillo. El hombre logró que los llamaran a corte para pedir la apertura de un nuevo caso. Sin embargo, las posibilidades de que eso suceda son remotas. Están esperando que la juez decida, pero que acepte no garantiza que tendrán de vuelta a sus hijos.

Domitina dice que en Compalapa había mucha agua, que siempre había comida, sencilla pero no faltaba. Se nota que extraña, no lo dice pero lo da a entender. "No regreso porque si es difícil que me devuelvan a mis hijos quedándome acá, desde allá es peor". Los dejo en su casa vacía, sentados en dos sillas plásticas que ocupan la sala. Una sala que aunque pequeña parece inmensa ante la falta de mobiliario. Solo resalta en ella el único objeto en la pared: un portarretrato con fotos de sus cinco hijos, vestidos con pijamas iguales, que posan sentados y acostados en una misma cama. Todavía no caminan, todavía no pueden comer bien, todavía no hablan mucho, están igual... pero con una mamá adoptiva.

Perder cinco hijos

"A mis amigos les digo: claro que la vida acá en México es difícil, pero no vale la pena cruzar de ilegal solo por un vehículo".

A Felipe lo que lo hace pensar en regresar es distinto a lo que lo motivó a venir la primera vez. Ahora piensa en recuperar lo que ya casi ha perdido, sus tres hijos que nacieron en Estados Unidos. Antes pensaba en buscar lo que, según dice, no se le había perdido, y luego se explica: cosas materiales. Tiene solo treinta y dos años, pero ya ha vivido y sufrido como si tuviera cincuenta. Cada año que vivió en este país contó por cinco. Su caso ha salido en las noticias, las organizaciones que defienden los derechos de los migrantes han movido cielo y tierra para darle visibilidad, los periodistas ya le hablan con confianza, con solidaridad y, algunos, con lástima.

Allá a su natal Tamaulipas veía llegar los autos bonitos que traían los que se habían ido a Estados Unidos. Él quería uno así, o dos, o tres, y sí que logró su sueño, llegó a tener cinco: tres camionetas y dos automóviles, todos con su buen amplificador y cosas electrónicas. "Cosas innecesarias, pero gustos de cada quien", dice con una voz que puede ser de vergüenza y de orgullo a la vez. Es que cuando llegó tenía fortalecido el coraje, ese que traen todos los migrantes que cruzan ilegalmente la frontera tras la dura prueba física a la que se someten. Le tocaron muchas cosas: gatear dos millas y media justo después de cruzar el río, esperar quieto como estatua entre los arbustos espinosos, dos horas detrás de uno, dos horas detrás de otro, para ir haciéndole el quite a la patrulla migratoria, aguardar hacinado en una casa cuatro días, caminar tres días y dos noches con un grupo de veintiséis personas que, al final, quedó reducido a trece, sin comida y sin más agua que la de los escasos charcos que encontraban en el desierto de Texas.

Al fin en Houston, su esfuerzo dependía de que su familia llegara a tiempo a pagar su "liberación", si no, la misma compañía de coyotes que lo había ayudado a cruzar lo denunciaría ante las autoridades migratorias. Los coyotes trabajaban con reglas claras, al fin y al cabo, estaban en un país de leyes, y ellos tenían una que hacían cumplir a rajatabla. Por suerte, su familia sí llegó con los dos mil setecientos dólares que le debía a sus captores/benefactores y, además, con buenas noticias, ya le tenían trabajo. Se iba a ganar cinco veces más fertilizando pinos navideños de lo que se ganaba en México cuidando caballos finos. ¡Seis dólares con veinticinco centavos la hora, había comenzado con el pie derecho!

Y así, con el pie derecho, vivió los primeros años. Hasta se consiguió una novia gringa. Ella no hablaba español y él no hablaba inglés, pero con señales en un principio, y besos y caricias después, fue suficiente para entenderse. Y se enamoró tanto de ella que cuando le pidió matrimonio y ella le advirtió que no le iba a facilitar la legalización de sus documentos de estadía en el país, él le respondió que tranquila, que él se quería casar con ella solo por amor. Por amor llegó también el primer hijo, al mismo tiempo que la crisis económica y que una lesión en su espalda. En un abrir y cerrar de ojos, Felipe descubrió que el bienestar que había logrado era solo una fachada, no tenía ahorros, solo gastos médicos y de hogar.

Además, su esposa no podía ayudarle, pues desde que era niña su madre le había tramitado una pensión por invalidez. Sufría de migrañas, así que no podía trabajar, y hasta le quedaba difícil atender al recién nacido.

Felipe no estaba dispuesto a dejarse vencer. Vendió sus autos para solventar los gastos diarios y ejercía toda clase de oficios con tarifa reducida, desde botar basura hasta arreglos de plomería. Pidió ayuda al seguro Medicare para que cubriera los gastos de su hijo. Solo una cosa se salía de su control, una nueva ordenanza que aplicaba en el condado por el que él tenía que transitar. Eran normas que estaban empezando a proliferar por todo el país, y el común denominador era que la policía de tránsito tenía funciones de policía de inmigración. Así, si detenían a alguien por alguna infracción, podían averiguar su estatus migratorio e iniciar un proceso de deportación en caso de que el detenido no tuviera documentos de estadía legal. A Felipe lo detuvieron veinte veces, varias de ellas el mismo policía.

"Y después dicen que es mentira que esas normas sean racistas. Lo paran a uno porque por el color de piel saben que es hispano. Ese policía que me paró varias veces, cada vez me ponía varias multas, que por no tener licencia, que por no sé qué con las luces, que tal cosa del cinturón. Y después de la primera detención pedí servicios de transporte estatal. Para entonces ya había nacido mi segundo hijo, y yo tenía que dejarlos a los dos en la guardería, porque mi esposa no podía conducir y yo tenía que salir a buscar trabajo, pero no me lo dieron. Me quitaban los autos, oiga, y entonces yo conseguía otros porque ¿qué iba a hacer?

Cada vez compraba lo más barato que encontraba, tuve uno de trescientos dólares.

A pesar de lo que cuenta, podía decirse afortunado. No lo detenían, solo lo pusieron en *probation* o libertad vigilada, y tenía que presentarse a las oficinas de tránsito una vez al mes. Iba sin falta porque el oficial que le emitió la orden le aseguró que si cumplía con las citas nada malo le pasaría. Al contrario, sería algo bueno para su historial. Solo tuvo razón por dos meses, a la tercera cita lo detuvieron, no valieron sus explicaciones de que no había nadie que pudiera ir a recoger a sus hijos en la guardería ese día, ni le dejaron usar el teléfono. Le dijeron que los niños serían entregados a padres sustitutos bajo la batuta de la oficina estatal de servicios sociales mientras se resolvía su situación, y debido a que la madre no podía cuidar de ellos. La madre, además, estaba otra vez en embarazo. Pasaron cuatro meses y tres centros de detención distintos antes del día en que Felipe fue deportado.

Durante ese tiempo trabajó en las cocinas de esos lugares a cambio de un pago de uno o dos dólares al día para poder reunir dinero con el fin de comprar una tarjeta para llamar a su esposa y a sus hijos. Así se entero de que cuando su esposa dio a luz le quitaron el bebé y se lo dieron a una familia sustituta distinta a la que tenía a sus dos hijos mayores. En medio de las circunstancias al menos pudo decidir el nombre de ese hijo que aún no conoce. Le pidió a su mujer que lo llamara Ángel.

Desde que llegó a México, Felipe no ha parado de luchar por sus hijos. Tiene una abogada de oficio con la que se habla por Skype. Han pedido que los niños sean enviados a México, pero como son ciudadanos estadounidenses, las autoridades que velan por el bienestar de la niñez exigen pruebas de que los niños estarán bien. Las fotos que Felipe ha enviado del lugar en el que vive y las pruebas de sus ingresos como obrero de una compañía productora de nogal no fueron del agrado de los inspectores, pues no cumple los requisitos básicos para tener cómodamente a los niños. También ha pedido un permiso para viajar a Estados Unidos solo mientras dure el proceso legal, porque ya "asistió" a una audiencia en la que participó por internet, pero dice que no oía bien. No se lo dan, dice que seguirá insistiendo.

A su esposa le suspendieron las visitas a los niños porque faltó a varias de ellas. Ella explica que algunas veces estaba enferma y no pudo asistir. Este es otro motivo que tienen las autoridades para argumentar el desamparo en el que se encuentran los niños y, por ende, constituye una justificación para ponerlos en proceso de adopción. Él los llama una vez por semana, pero ellos poco le hablan: "Son pequeños y no les gusta hablar por teléfono", dice. "Estoy desesperado, si pudiera me hubiera ido ya de ilegal otra vez, pero no tengo ni para pagarle al coyote. Yo quisiera estar con ellos, acá o allá, pero mejor allá, porque allá hay más cosas materiales".

¿Vivir mejor?
Más pobre acá que allá

Han pasado veintiocho años desde que Octavio tomó la decisión de dejar su natal República Dominicana para vivir en Nueva York. ¿Qué malo podría pasar si en Nueva York estaba su mamá y cinco de sus hermanos? Ante cualquier adversidad tendría apoyo. Además, tenía papeles. Qué buena aquella época en que conseguir los documentos para trabajar era tan fácil. A él, a pesar de que ya era mayor de edad, lo pidieron sus papás y, en menos de un año, le salió su residencia. Valía la pena el cambio, sus tres hijos, dos niñas y un niño, no podían tener todo lo que él les quería dar, porque su salario como supervisor de producción de una fábrica textil no le alcanzaba.

La llegada no fue tan dura, claro, excepto por el frío del invierno. Empezó de cero, cociendo ropa en una fábrica de Brookling, se especializó en pieles. Todo iba bien hasta que a principios de los noventa la fábrica cerró. El trabajo que él y sus compañeros hacían salía mucho más económico en una maquiladora china. "Usted sabe que los chinos trabajan veinte de las veinticuatro horas del día y por menos plata". Para esta época, Octavio ya había traído a dos de sus hijos de República Dominicana, vivía solo con ellos y se las arreglaba para atenderlos.

Hasta que un día, le dijeron que querían que les trajera a su mamá. Al sentirse culpable por el poco tiempo que le podía brindar a sus hijos ya adolescentes, Octavio accedió al pedido de los muchachos, pero como ya no tenía relación de pareja con la madre, se fue de la casa para evitar la convivencia. De cierto modo, el cierre de la fábrica en la que trabajaba sirvió de excusa para que él tomara una decisión aún más radical: se iría a Atlanta, aprendería un nuevo oficio. Ahora sí, saldría adelante.

El campo del bodegaje le abrió las puertas, encontró qué hacer en el negocio de embalaje y envíos, y luego en almacenamiento de congelados. Para soliviar el frío, ya no del invierno neoyorquino sino de su nuevo trabajo, Octavio consiguió una nueva mujer y, entonces, vinieron dos nuevos hijos. Un día, mientras cuidaba a la primera bebé de esta nueva unión, recibió una llamada de Nueva York. La noche anterior, el novio de su hija mayor, aún una adolescente, y padre de su primer nieto, había llegado furioso al edificio donde la dejaban vivir a ella con el bebé a cambio de hacer la limpieza, y había matado a la joven a golpes. ¡Y él que le tenía cariño a su yerno a pesar de lo desadaptado que era! Hasta le habló como un padre días antes cuando, por petición de su hija, lo llamó para decirle que no le volviera a pegar, que la respetara, que ni él como padre le había pegado a pesar de lo duro que había sido criarla en el Bronx, como para que ahora el novio viniera a maltratarla cada que se le antojaba, que lo de haberlo hecho meter a la cárcel la última vez que él le había pegado era por protegerse, que la entendiera.

Nada volvió a ser igual para Octavio. "Se me metió como un frío en el corazón", dice al recordar esa época en que le dieron tres derrames cerebrales, le diagnosticaron diabetes, se le subió la presión y, como él dice, "me enfermé de los nervios, ni mi cabeza ni mi cuerpo me obedecían". Confinado en una silla de ruedas, y con una pensión por invalidez de trescientos ochenta dólares al mes, la madre de sus hijos menores no estaba en condiciones de cuidarlo, ni tampoco sus hermanos que vivían en Nueva York, Florida y otros estados. Su mamá ya había muerto, así que solo le quedaba volver a República Dominicana. Ese sería el comienzo de una nueva familia que le daría dos nuevos hijos y una relativa recuperación de su movilidad. Pero incapaz de volverse a adaptar a su país de origen, donde no recibía el tratamiento de salud adecuado para su estado, Octavio le dijo a su mujer: "Me voy para Nueva York con los niños, que tienen derecho a la ciudadanía Estadounidense". Ella llegaría después.

De nuevo, todo salió diferente. El cheque por invalidez se redujo a la mitad cuando la madre de las hijas que tuvo en Atlanta lo demandó para que le pagara pensión alimenticia para las niñas. Con los ingresos disminuidos, no pudo seguir pagando el apartamento en el que vivía con sus hijos más pequeños y los devolvió para República Dominicana. Al menos había alcanzado a tramitarles la ciudadanía. Lo que vino después fue una caída tras otra. Se mudó a vivir en la sala de la casa de una amiga a la que le pagaba ciento cincuenta dólares al mes. Cuando no pudo reunir ni siquiera esta cantidad, consiguió trabajo cuidando un anciano a cambio de que lo dejaran pasar la noche en la misma casa de su paciente. Cuando ese arreglo se terminó, un amigo lo dejó vivir en el sótano de su casa, a cambio de que le ayudara con la recolección de basuras.

Pero su salud no daba ni siquiera para eso. Terminó en un albergue municipal. Ya se había quedado solo para el momento en que recibió la noticia de que necesitaba un trasplante de riñón y de páncreas, y aunque el seguro social podía cubrirle algunos gastos, no podían incluirlo en la lista de espera de beneficiario de donantes porque no tenía un domicilio fijo. El riñón de su esposa, la que estaba en República Dominicana, era una opción por la cual no tendría que esperar, así que le pidió que viajara a los Estados Unidos con los niños.

Ante la situación, una de sus hermanas le ofreció una casa para que viviera con su familia, pero la vivienda se quemó antes de que ellos llegaran. El albergue municipal volvía a ser la única opción. Le pregunto si su mujer sabía que él no tenía ni dónde vivir. Me dice que él le decía que estaba en un *shelter* (la palabra en inglés para refugio) y que como ella no sabía inglés, tampoco podía saber lo que le esperaba. Incrédula, le pregunto de otra manera:

—¿Su esposa estaba dispuesta a venir a quedarse en un albergue municipal?

—Bueno, es que ella no sabía bien qué era eso. Además, yo le dije que sería por un tiempo, pero que viniera porque yo estaba enfermo y la necesitaba, así que ella dejó su trabajo de profesora y se vino con los niños.

El día en que aterrizaron en el aeropuerto de Nueva York hacía mucho frío. Octavio había logrado comprar unas chaquetas para cada uno, con las que esperaba hacerles menos difícil la llegada a la congelada ciudad. Arrastrando las maletas por entre los andenes con nieve, llegaron al *shelter*, donde les dijeron que no había espacio para tantas personas y que ya que él no estaba en condiciones de darles una vivienda a los niños, tendrían que deportarlos. De inmediato argumentó que los niños eran estadounidenses y que él no estaba abandonando a sus hijos. Logró que los dejaran quedar en unas oficinas por la primera noche. Luego, pudieron estar en un hotel albergue durante diez días.

Al término de la fecha les llegó una carta para que desocuparan. Decía que él no cumplía con las condiciones para recibir ayuda de vivienda, que su situación no lo hacía una prioridad, y que lo máximo que podían hacer era comprarles los pasajes a todos para que se devolvieran a República Dominicana. "No es posible que yo le haya dado toda mi juventud, mi energía y mi trabajo a este país, y que ahora que estoy enfermo me digan que no me pueden dar ayuda. ¡Acaso esto no es Estados Unidos!", me dice con la misma indignación con la que reaccionó al momento de leer la carta.

Con un oficio del hospital en el que certificaban sus ya para entonces cuatro derrames cerebrales, cirugías de obstrucción intestinal, diabetes, colesterol y presión altos, depresión y pérdida de la visión, el abogado del albergue municipal accedió a permitirle estar en el refugio. No obstante, se hizo necesaria la ayuda de un concejal hispano de la ciudad, que, sin embargo, no logró que el hospital lo incluyera en la lista de beneficiaros de donación de trasplantes. La condición era clara: tenía que tener un domicilio, y un refugio no es considerado como tal. Diez meses pasaron hasta que con donaciones de la gente, y el salario de un trabajo de medio tiempo que consiguió su esposa, lograron juntar dinero para pagar una renta mensual. La más barata que encontraron fue de seiscientos dólares.

Por fin lo incluyeron en la lista para recibir un trasplante. Aunque su esposa está dispuesta a donarle un riñón, Octavio necesita también el páncreas y, por tanto, depende de que alguien que muera pueda donarle ese órgano. En ese momento le harán los dos trasplantes al mismo tiempo. Sus médicos le han dicho que su cuerpo puede esperar unos tres años. "Uno cree que acá hay muchas ayudas para todo el mundo, pero la verdad es que la realidad es otra", me dice con tono de decepción. Entonces, le pregunto por qué ha insistido en que sus hijos estén acá, si sabe lo dura que es la vida para muchas personas, como lo ha sido para ellos. No lo explica con las reglas de la lógica, pero dice de manera contundente: "Es que ellos tienen derechos porque son ciudadanos". Y agrega que si pudiera devolver el tiempo no se hubiera venido a vivir a los Estados Unidos.

Ahora no regresa a República Dominicana porque su condición de salud sería aún peor atendida allá y tendría que pagar por lo que acá no. Pero, si no fuera por eso, a lo mejor haría el intento de regresar, a pesar de que ha vivido fuera de su tierra más de la mitad de su vida. Y es que Octavio tiene una teoría que expresa como si fuera científica. Si se hubiera quedado en su país no se habría enfermado tanto. "Allá uno vive sin el reloj, puede que sea pobre, pero en la tarde charlas con tu gente, te vas al cine, y eso te ayuda a mantenerte, a no enfermarte".

Si volviera a emigrar, me informaría mejor

Leticia resolvió con esta frase su experiencia de cinco años en Estados Unidos: "Lo que uno es no depende de donde uno esté". Con esa convicción se montó a un bus en el terminal hispano de buses de Atlanta, que la llevó de regreso a su natal Puebla, a más de dos días de camino por carretera. La acompañaba una de sus hijas y trescientos dólares.

Un lustro atrás había llegado en avión con su esposo y sus tres hijos. Tenían visa de turista y la certeza de que volverse residentes o tener permiso de trabajo sería cuestión de hacer un trámite sencillo que les costaría cinco mil dólares, para lo cual, por cierto, habían vendido su casa, todo su capital. Esa venta les había dado, incluso, para pagar los pasajes aéreos de toda la familia. Buen comienzo, pensaba ella. Leticia estaba siendo fiel a las condiciones de su esposo, reacio a seguirla en su empeño de venirse a los Estados Unidos. "Él no quería ser un ilegal".

El bus iba lleno, como usualmente salía en los últimos años. Leticia y su hija llevaban dos maletas llenas de ropa que habían comprado con una tarjeta de crédito prestada, con la esperanza de venderla en México y, así, poder contar con algún capital para empezar de nuevo. La primera parada fue ocho horas después de haber iniciado el viaje. Aún estaban dentro de Estados Unidos. Leticia reflexionaba sobre cómo sería su vida al regresar, cómo haría para salir adelante. Después de entrevistarla, la noche anterior a su partida, pensaba en lo distinta que sería su historia si, simplemente, se hubiera informado, si hubiera hecho lo que era obvio. Qué ingenua se sintió cuando la oficina de inmigración que tramitó su solicitud de residencia le respondió que lo que ella pedía era algo no previsto por la regulación migratoria.

"Señora Leticia, su solicitud ha sido negada. Su hermana, quien es ciudadana estadounidense, solo puede pedirla a usted, no a todos los miembros de su familia, y, en el caso suyo, debe esperar en su país de origen hasta que tomemos una decisión. El tiempo aproximado de espera es de diez años". Eso fue lo que, palabras más palabras menos, decía la notificación.

Cuando la recibieron, a Leticia y a su familia les quedaba poco más de un mes de estadía legal (al entrar al país les autorizaron quedarse tres meses) Tenían que decidir entre volver a México, donde ya no tenían casa ni empleo, o quedarse en Estados Unidos, donde tampoco tenían nada. Decidieron lo segundo. Fue la época en que estalló la burbuja inmobiliaria y muchos proyectos de construcción fueron suspendidos. Su esposo, electricista de oficio, se veía a gatas para conseguir empleo. Se iba caminando a ofrecer sus servicios a las pocas obras que veía que no habían detenido trabajos. Entretanto, Leticia se dedicó a cuidar niños, y sus hijos se integraron al sistema educativo sin mucha conciencia de su condición de ilegalidad.

Leticia mira por la ventana del bus el paisaje que deja. Con la cabeza de su hija recostada sobre su hombro, recuerda el día en que pudieron independizarse. Recién llegaron, vivieron en la casa de una de sus hermanas. Fue un tiempo tenso, porque era imposible no buscar culpables. Su hermana y el esposo de ella eran quienes les habían asegurado que no tendrían inconveniente con los papeles. No entendía cómo no habían, al menos, consultado con un abogado. Claro, ella pudo haberlo hecho por sus propios medios, era su responsabilidad, pero confió en su hermana y estaba pagando las consecuencias.

Lo cierto es que cuando pudieron irse a vivir a su propia casa rentada fue el primer día feliz de su estadía en Estados Unidos. También habían comprado un carro, todo con algo de lo que les había quedado de la venta de su casa en México. Esa independencia les hizo renovar la ilusión. Pero el impulso no alcanzó para mucho. Gustavo, el hijo mayor, estaba a punto de graduarse de *high school* y quería entrar a la universidad. Era un artista nato y, sobre todo, se sentía seguro de su talento. Por eso no estaba dispuesto a desaprovecharse, aunque le tocara hacer lo que fuera para poder estudiar. La matrícula más económica en la universidad donde él quería estudiar le costaba unos diez mil dólares por cuatrimestre, una cifra impensable de conseguir para su familia. No obstante, se dio a la tarea de buscar una beca, pero antes tendría que hacer su *book*, para que vieran su talento. Sus padres y hermanas se pusieron a su servicio y convirtieron el garaje de la casa en escenario para el proyecto de Gustavo. Iba a hacer una especie de pasarela de moda, emulando los desfiles de la marca de ropa interior Victoria's Secret, y el resultado sería un trabajo de fotografía con el que seguro conseguiría la beca. Compraron y pintaron cartones para hacer el escenario, consiguieron prestadas las luces, sus hermanas y amigas sirvieron de modelos, gastaron más de lo que su presupuesto les permitía. La beca llegó, pero no tan pronto, ni tan buena. Lo que le ofrecieron solo cubría cuatro mil dólares. Era imposible para el bolsillo de sus padres pagar los seis mil restantes. Entonces, Gustavo entró a una universidad técnica, donde, no obstante, solo le alcanzaba para pagar dos materias. Así estuvo un semestre, luego pasó a otra universidad similar, donde podía acceder a clases más baratas si las tomaba por internet. Para el semestre siguiente ya no había dinero ni beca, ni para las clases económicas.

Llevaban dieciocho horas de viaje cuando cruzaron la frontera. La luz del semáforo en la franja divisoria les tocó en rojo y tuvieron que bajarse todos del bus para mostrar la mercancía que llevaban y pagar impuestos por lo que luciera nuevo. Estaban en Nuevo Laredo, de vuelta en su México natal, ahí donde no los iban a meter a la cárcel si los detenían por una infracción de tránsito o sin licencia de conducir. Es que ese fue el siguiente golpe.

Leticia y su familia vivían en un condado en el que desde hacía varios años regía una ordenanza que les daba poderes de autoridad migratoria a los policías de tránsito. Exceder el límite de velocidad, llevar fundida una luz del auto o no poner una direccional, se habían convertido en sinónimo de cárcel y deportación. La mayoría de los detenidos por esas infracciones eran hispanos, es a lo que le llaman "perfil racial", la norma hecha para que, por el color de piel y del pelo, o por otros rasgos físicos y hasta por la forma de vestir, la policía identificara al grupo poblacional que, con mayor probabilidad, carecía de documentos legales.

El turno le llegó al esposo de Leticia, tras ocasionar un choque simple que, sin embargo, se convirtió en una tragedia. Lo fue porque tenía su licencia de conducir vencida. La sirena y las luces de la patrulla policial le recordaron uno de los tragos más amargos de su llegada a este país. Su cuñada y el marido de ella le habían asegurado que, nada más llegar, se podría presentar con su licencia de conducir de México en las oficinas de tránsito de Atlanta, y le darían la licencia por cinco años. ¿Cómo les había creído? ¿Cómo no se había informado por sus propios medios? Ellos no sabían que la norma había cambiado, le podían dar una licencia, sí, pero solo por el tiempo de estadía que le hubieran dado al ingresar al país. En su caso, tres meses, así que hacía rato había caducado, y, lo peor, es que le habían quitado su licencia mexicana.

El policía se acercó a su ventana, le pidió la licencia y, al verla vencida, le empezó a decir frases que no entendió. Al trabajar entre hispanos no había tenido manera de familiarizarse con el inglés. Pero la verdad es que no le hacía falta conocer el idioma, en este caso sabía que lo que el policía le estaba diciendo significaba su deportación a México como un ilegal, justamente como lo que él no quería ser, justamente la única condición que había puesto para seguir las intenciones migratorias de su esposa.

Cuando Leticia recibió la llamada, la angustia se le mezcló con la culpa. Pero, con su actitud siempre positiva, se dedicó a conseguir los cinco mil dólares que costaba la fianza para que su marido pudiera salir de la cárcel del condado y así evitar que lo enviaran a la prisión a la que llevan a los migrantes antes de ser deportados. Lo logró en unos cinco días. Ellos, que vivían como ella dice "abriendo un hueco para tapar otro", acudieron a los vecinos y a los amigos, y enviaron correos electrónicos a sus contactos de confianza para contarles la historia y pedir ayuda. De a diez, de a veinte dólares fueron reuniendo la suma. Pero el tiempo corría en su contra, hasta que, milagrosamente, dice ella, alguien les regaló ochocientos dólares. No podía ir directamente a pagar el dinero porque le pedirían identificación y, como no tenía, se exponía a que la detuvieran también a ella. Así que su cuñado le hizo el favor de ir a hacer el pago, pero no se lo recibieron por llevarlo en efectivo, tal como le habían dicho en el número de atención al cliente.

Me cuenta este detalle para destacar la insensibilidad de las personas con las que un inmigrante debe lidiar en una situación tan dura. Dice que al obligarles a cambiar el dinero por una orden de pago de una empresa de giros, estaban gastando tiempo que era precioso, y que podía hacer la diferencia en que su esposo saliera de la cárcel o fuera deportado. Los mismos funcionarios le decían a su cuñado, sin ningún asomo de compasión, que no le garantizaban que su esposo estuviera ahí cuando regresaran con el documento monetario. Se sintió maltratada, tal como lo era su esposo en la cárcel.

Los guardias le decían que la familia no alcanzaría a pagar, que lo iban a tener que deportar.

A las tres de la mañana de su primera noche en la celda lo levantaron para que firmara unos documentos, lo hizo sin protestar, sin tener oportunidad de asesorarse con un abogado, sin saber que estaba firmando su aceptación de ser deportado. "¿Por qué tenían que levantarlo a las tres de la mañana exclusivamente para eso?", se pregunta todavía Leticia.

A pesar de todos los abusos, gracias a que no tenía antecedentes penales pudo elegir entre ser deportado por las autoridades o acogerse a la llamada deportación voluntaria, según la cual le daban tres meses para salir del país. Escoger la última era lo obvio, pues al menos así podría despedirse de su familia y medio planear su regreso. En ese tiempo compraron un auto con dinero prestado, una camioneta vieja. La idea era aprovechar una norma mexicana que permite legalizar vehículos llevados desde Estados Unidos, que tengan más de diez años de antigüedad. Pero, otra vez, solo se dieron cuenta de una información importante cuando ya habían pagado el auto.

Como la camioneta era ensamblada en Japón, esa norma de nacionalización no operaba. Resignados, decidieron que su esposo, su segunda hija, y su hermana, que sí era ciudadana estadounidense, irían en el auto hasta Puebla y que esta se devolvería sola con el vehículo a Atlanta para que Leticia lo usara mientras se iba. El auto volvió, o mejor, lo que quedó de este, luego de un viaje en el que hasta tuvieron que pasar una noche en vela en la carretera. El que sería el punto de partida para iniciar una nueva vida no dejó sino deudas.

Mientras el esposo de Leticia volvía a arrancar en México tendría que vivir con su madre. Un golpe fuerte para su autoestima e independencia, además porque llegaba con su segunda hija, que a punto de graduarse de la secundaria, no quería pasar por la misma experiencia frustrada de su hermano para entrar a la universidad. Contra su propio deseo, prefirió irse con su papá que quedarse con su madre. Leticia la admira por haber tomado una decisión que considera valiente para su edad y circunstancias: "No cualquier joven deja los amigos con los que ha pasado la adolescencia y se va a un país que le es prácticamente extraño, solo porque quiere poder estudiar".

Leticia no quiso regresar con su marido, a pesar de que él le pedía que volvieran todos juntos, que dejaran ya atrás ese capítulo. Ella decía que debía quedarse a trabajar para pagar todo el dinero que le debían a quienes los habían ayudado, eran unos seis mil dólares. "Quiero regresar a México con la conciencia tranquila aunque llegue sin dinero en los bolsillos". Y también quería darse la oportunidad de ahorrar algo, ahora que ya su esposo se había ido. Podía instalarse de nuevo en casa de una de sus hermanas y así ahorrarse el dinero de la renta.

Decidieron que solo ella y su hija vivirían con su hermana, mientras que su hijo aceptó la oferta de los padres de un amigo estadounidense para hospedarse en casa de ellos por el tiempo que fuera necesario. A Gustavo, quien se resistía a volver a México, no le había quedado más opción que ponerse a trabajar. Consiguió empleo en una cadena de comidas rápidas y eso le abrió los ojos para, por fin, hacerle caso a lo que Leticia le venía diciendo desde hacía tiempo. "Regrésate a México y buscas cómo estudiar allá, acá va a ser muy difícil y se te va a ir la vida sin hacer nada". Él estaba obstinado con la idea de la beca, a pesar de que cada vez era más improbable conseguir una que le sirviera. Aguantó el duro trabajo diez meses, pero un día, de nuevo seguro de su talento, le dijo a su mamá: "Me voy a México, pero a estudiar en el mejor lugar". "Yo le dije que sí, que claro, que hiciera todo lo posible, pero que yo no lo podía ayudar, y él se puso el reto y lo cierto es que a punta de persistencia logró que en el Tecnológico de Monterrey le dieran una beca... De algo sirvió el *book* emulando la pasarela de Victoria's Secret", dice Leticia, con una sonrisa que encierra orgullo y nostalgia.

La siguiente parada fue en Monterrey, donde los cambiaron de autobús, con destino hacia la Ciudad de México. Ya era la segunda noche de viaje. Después de que se fue su esposo, Leticia se fijó la meta de regresar en nueve meses, pero las cuentas precisas que había hecho para que esa meta fuera realizable se le dañaron cuando se quedó sin dos de las casas que limpiaba por las tardes. En plena crisis económica los dueños habían decidido recortar gastos. Ni modo de pedir mayor pago por hora a las familias a las que les cuidaba bebés por las mañanas. La empleaban a ella porque no tenía documentos legales y se daban la libertad de pagarle menos.

Cada noche, al llegar a la casa, Leticia se conectaba por internet con su esposo y su hija, que seguían viviendo en casa de su suegra. Sentía que debía estar allá, sus cuñadas se lo ratificaban. "Tu hija te necesita", le decían. Cinco meses después de lo previsto, y sin haber pagado aún todas las deudas, Leticia decide volver.

La noche anterior a su partida nos encontramos a la salida del Macys, donde acababa de comprar en promoción la mercancía que llevaría para vender en México. Me llama la atención su optimismo, su energía, su fuerza. En su relato sin lágrimas solo una vez se le corta la voz. No se perdona el paso de su marido por la cárcel, pero se repone y dice casi como un chiste: "¡Antes de venirnos para acá decíamos que acá sí íbamos a poder progresar, que sí íbamos a poder gastar, que sí íbamos a poder viajar! ¡Y ni siquiera conocí el Museo de la Coca Cola, que queda acá mismo en Atlanta, no hubo dinero ni para eso!".

Antes de despedirnos le pregunto: "¿Volvería a emigrar a Estados Unidos?" Ella responde: "Sí, pero me informaría mejor".

El error no fue haber venido sino no haber regresado

Olga y Germán nacieron lejos el uno del otro. Él en Perú y ella en México. Hace ocho años se encontraron en Estados Unidos, ambos inmigrantes, ambos indocumentados, ambos huyendo de situaciones económicas que golpearon a sus países en diferentes momentos y, desde entonces, luchan juntos contra el fantasma que los acompaña todos los días: el miedo a la deportación.

Germán tenía su imprenta en Perú, pero en el primer gobierno de Alan García la economía se puso tan mal que decidió vender sus máquinas y aplicar para una visa a los Estados Unidos. Se la negaron y, por eso, gastó los cinco mil dólares que había recogido en pagar un coyote que lo llevó con otros treinta peruanos en un viaje de cinco meses hacia Estados Unidos. Ecuador, Panamá, Costa Rica y México, esas fueron sus escalas antes de entrar ilegalmente por Arizona. Cuando se encontró con unos paisanos peruanos que lo esperaban, lo saludaron con una brocha en la mano, y con una frase que entonces pareció un acto amable de acogida, pero que se convirtió en una sentencia: "Este va a ser tu nuevo trabajo".

Veintitrés años después, Germán no lleva la cuenta de cuántas casas ha pintado, pero sí tiene bien claro el color que perdió su vida. Ocho años lo esperó la esposa que dejó en Perú. Su padre murió el único día de los últimos años en que no lo llamó, y solo una vez ha visto a su hijo que dejó cuando tenía dos años. Cuando el niño tenía doce años se ganó un viaje a Estados Unidos con el equipo de fútbol en el que jugaba. Así se dio ese único encuentro, fue como el de dos extraños. "Pero pude ayudarlo para que estudiara y a mi familia también, se consuela Germán".

Esa es la misma cuenta que hace Olga cuando habla de su hijo. Lo dejó de dos años, tras perder el trabajo que tenía en un banco en México.

"Había crisis, varios bancos se fusionaron y redujeron personal. Apliqué a otro banco y me aseguraron que el puesto sería mío, pero al final me rechazaron. Pregunté por qué y me respondieron que por mi edad, que ya tenía muchos años, ¡treinta y tres! Eso me desmoralizó. Como había sido cajera, veía a las señoras que cada mes iban a cobrar giros de dos mil y tres mil dólares, y uno piensa, ¡qué bien! Pero uno no se imagina cómo ese dinero fue ganado. Aparte de todo, me separé de mi esposo, aunque ya estaba embarazada de mi segundo bebé, y un día fui a salir a la calle a visitar a una amiga y mi mamá me dijo: ¿qué va a pensar la gente de que andes por ahí sola sin tu marido? Eso me hizo pensar que sin empleo y sin marido, en México me iban a cortar las alas. Pasar esa vez fue fácil, era 1999, un jueves, nunca me olvido, no me llevé a mi hijo porque mi abuelita me rogó que lo dejara porque yo no sabía qué me esperaba acá, y, como una señal, el niño se enfermó y convulsionó la noche anterior a mi partida. Lo dejé hecha un mar de lágrimas, rogándole a Dios que me diera señales para darme cuenta de si estaba haciendo lo correcto o no".

Diez años aguantó Olga sin su hijo, sus hermanos en México le decían que fuera por él, sus padres ya eran muy mayores y, frecuentemente, tenían que asistir a controles médicos, por lo que el niño pasaba mucho tiempo solo.

"Cada Navidad era lo mismo", dice Germán, "siempre faltaba alguien, ella se ponía a llorar hasta que le dije: pues ve por el niño, ya no más". Olga continúa: "Y me fui sin dinero… y cuando lo vi… Uno piensa que los reencuentros son como en las telenovelas, pero hasta yo me sentía extraña de estar abrazando a un niño que no conocía. Le dije, te voy a llevar conmigo, y él me dijo, si me llevas, cuando estemos frente a la policía, voy a decir que tú me estás llevando obligado.

"Pero cuando nos agarraron en la frontera, y nos esposaron, —recuerda ahogada en llanto—, él me dijo: mamá, ahora entiendo por qué te demoraste tanto tiempo en venir por mí. Y me cuidaba y me protegía. La señorita de inmigración que nos interrogó me dijo que fue un error haber salido de Estados Unidos después de llevar diez años acá. Le expliqué que no aguantaba más sin mi hijo y que tenía que regresar porque tenía otra hija acá. Me dijo: yo soy madre y te entiendo y haría lo mismo, y sé que vas a intentar cruzar nuevamente, pero ruégale a Dios que no te agarremos, porque donde te agarremos, ya no solo te vamos a devolver a tu país, sino que antes te vamos a llevar a la cárcel. Mi hijo vio todo eso".

Ya con toda la familia reunida, el hogar de Germán y Olga parecía ir normal, hasta que se dieron cuenta de que Germán lleva un año con orden de deportación y que la policía lo estuvo buscando en un domicilio anterior. "Es que siempre hemos sabido que somos ilegales, pero no lo sentíamos. Veíamos los casos de otras personas y decíamos qué pesar, pero ahora esa sombra está sobre nosotros, y es algo que te atrapa", dice Olga para explicar el miedo con el que viven ahora, y Germán agrega: "Veo a un policía y siento que me va a parar, hasta me duele el cuerpo, me enfermo. Y ahora hemos tratado de borrar rastros para que no tengan cómo encontrarnos. Este año ni pagamos impuestos, porque hay que poner la dirección, y como nos mudamos de casa para huirle a la policía, no queremos que ningún organismo de gobierno tenga nuestra nueva dirección".

Todo pasó porque Germán aplicó a un beneficio de amnistía que se abrió en 2001 para quienes estuvieran en el país al menos desde 1981, aplicó aunque él solo estaba desde el 89, y lo llamaron a entrevista en 2008. Durante esos siete años pudo gozar de permiso de trabajo y se sentía ya casi del otro lado, pero, tras la entrevista, le dijeron que le faltaban pruebas. Ese fue el momento en que una mala asesoría legal cambió su destino. La asesora le dijo que si no tenía más pruebas no respondiera la petición y que el caso se cerraría. Fue un error seguir ese consejo. Al no responder dejó en evidencia que se quedaría como ilegal y su caso entró automáticamente en proceso de deportación. Pero no se enteró hasta casi cuatro años después, cuando una amiga que habita una casa donde él vivió antes le informó que la policía fue a buscarlo para deportarlo.

Le pregunto a Germán por qué, entonces, no se va por su propia voluntad. Él responde: "¿Y llegar así, sin dinero, sin nada?".

—¿Y por qué no se fue antes?

—Fue un error no haber regresado, solo esperaba juntar dinero pero no pude hacerlo, dinero que agarraba me lo gastaba. Cuando mis padres vinieron a visitarme (mi papá es médico, mi hermano es abogado) y vieron que yo estaba de constructor, me compraron el pasaje para que me devolviera y yo no me devolví, ese pasaje se perdió.

Germán y Olga tienen familiares en Perú y en México, respectivamente que les dicen que se quieren ir a vivir a los Estados Unidos. No, les dicen ellos, no rotundo. Germán le dice a su propio hijo que si se va a venir, se venga legal. Y Olga les dice que todo el mundo viene con la meta de estar cierto tiempo, pero el país es tan consumista, que el inmigrante se olvida de la meta con la que venía y, cuando se da cuenta, han pasado los años, ha perdido la familia y se ha quedado en el limbo. "Todo el tiempo que he estado acá he extrañado estar allá, y cuando fui quería quedarme, pero me di cuenta cómo mi familia dependía de mi ayuda".

Luego, Olga me explica que siente que los que están allá piensan que el dinero se consigue tan fácil acá, que se despreocupan de responsabilidades, por ejemplo, con los padres. Dice que prefieren esperar a que el que se fue mande el dinero. "Este país te da mucho, pero también te quita mucho", dice con un hondo suspiro de resignación.

Migrar por amor

Cuando Karla vino a visitar a su mamá a Nueva York, que había inmigrado años atrás por razones económicas, conoció al que creyó que era el hombre de su vida. Una vez de regreso en Colombia, ese hombre le pedía que volviera a su lado. En lo que reconoce que fue una decisión apresurada, Karla renunció a su trabajo, se salió de estudiar y emigró con mucha ilusión para apostarle al amor. Una cosa fue venir de visita y otra a quedarse. "Me veía muy limitada por no saber el idioma, dependía de él para todo, ya que yo tampoco sabía cómo funcionaban las cosas en este país. Nos casamos y ahí quedé aún más dependiente porque mis papeles de residencia estaban sujetos a que fuera aceptado el matrimonio por parte de las autoridades de inmigración". Cuando Karla se dio cuenta de que las cosas no iban por buen camino, ya era tarde.

"Yo me arriesgaba a hablar en inglés para ver si lo mejoraba y él me decía que si no me daba pena hablar ese inglés tan malo. Todo el tiempo me hacía sentir menos. Le dije que quería sacar la licencia de conducir para poder manejar sola y me dijo que yo nunca pasaría el examen. Cuando yo no quería hacer algo que él me pedía que hiciera, me amenazaba con retirar el proceso ante inmigración para que no me llegaran los documentos. Así estaban las cosas cuando me di cuenta de que quedé embarazada y todo entre los dos cambió aún más. Tenía cuatro meses de embarazo cuando me maltrató físicamente, y yo salí corriendo a donde mi mamá a contarle lo que hasta ese momento no me había atrevido a decirle por vergüenza. Ahí creí que mi única opción era devolverme a Colombia porque pensaba que por haberlo dejado, lo de mis papeles ya no iba a salir. Cuando fui al hospital a que me atendieran porque el maltrato de él me había provocado un sangrado, me preguntaron si había algún reporte policial del incidente, dije que sí. No lo hubiera creído, pero eso fue lo que me salvó, la trabajadora social del hospital me dijo que yo tenía derecho a aplicar para una visa U, que es para víctimas de violencia doméstica, y hasta me dieron asistencia gratuita con abogados de *Safe Horizon*. El proceso salió a mi favor y yo quedé con ayuda para la seguridad social de mi hija. Esa gente me dio la seguridad y confianza que mi marido pretendía quitarme".

El caso de Karla es el de miles de mujeres en todo el mundo, y, a pesar de que el desenlace de su situación fue positivo, sabe que muchas mujeres migrantes en Estados Unidos desconocen las leyes que las protegen y, por eso, aguantan maltratos hacia ellas y hacia sus hijos. Lo sabe porque desde hace un tiempo trabaja en una de las oficinas del Departamento del Seguro Social, y ha aprendido a identificar a las parejas que llegan en condición de dependencia. "Veo muchas mujeres que llegan con visa de prometidas, a unas se les nota que lo están haciendo por negocio o por huir de su país. Conozco casos de mujeres que se vienen para casarse y el marido las ha matado".

La naturaleza de su cargo no le permite darles consejos a esas mujeres en las que Karla se ve reflejada, pero, cuando le conté que estaba escribiendo este libro, me ofreció de inmediato su historia porque quiere que las mujeres se enteren de sus derechos, que no se queden por miedo ni a la soledad ni a la deportación al lado de alguien que las maltrata, que eviten que sus hijos vivan esas tensiones. Ella es la cara de muchas mujeres que tienen que ser padre y madre a la vez, sabe que es duro, pero ha salido adelante.

"Cuando me divorcié me vine de Nueva York para Atlanta porque acá era más barata la vivienda y había un mejor clima. Empecé cuidando niños y así mejoré mi inglés. Luego daba tutorías, y después trabajé censando gente puerta a puerta. Hubo un tiempo en que me quedé sin trabajo y tuve que aplicar para recibir ayuda del gobierno. Ahí me invitaron a una feria de empleo y así fue como encontré el trabajo que tengo ahora. Varias de mis amigas de Colombia me llaman y me dicen que se quieren venir para acá, que si las recibo temporalmente en mi casa. Yo no les niego la ayuda, pero les digo que no es fácil, sobre todo cuando no tienen documentos. La gente vive con el temor de no poder salir ni a la esquina manejando, y pagar un taxi es caro, una carrera corta cuesta mínimo quince dólares. Siempre les digo que hagan todo lo que puedan para vivir mejor en el país donde están, que lo piensen, no una sino diez veces, porque la paz y la estabilidad que uno tiene en el país de uno es muy valiosa. No me arrepiento de haberme venido porque, a pesar de lo que viví, conté con una red de apoyo que me guió. Otra hubiera sido la historia si yo no hubiera ido al hospital".

Hacer lo que Karla hizo parece lógico pero no es fácil. "Cuando fue la policía y me preguntó que si quería que llevaran a mi marido a la cárcel yo, que todavía estaba enamorada, dije que no, y eso que su maltrato me había dejado marcas en mis brazos. Yo pensaba que no quería eso para el papá de mi hija. Por eso hoy en día me siento orgullosa de no haberme dejado de él, aunque me haya tocado salir adelante con las uñas. Lo que les digo a las mujeres es que no tomen el matrimonio como una escapatoria. Si esto aplica para cuando uno conoce al marido en la misma ciudad o país de uno, con mayor razón cuando el matrimonio implica que uno deje todo. Siempre hay que darse el tiempo de conocer bien a la otra persona, de ver cómo reacciona ante diferentes situaciones, cómo actúa con los amigos, con su familia. Mejor dicho, estar alerta".

¿Los dólares caen de los árboles?

Si tienen algo en sus países, no lo dejen

Siete años le costó a Daniel sentirse a gusto en Estados Unidos. La crisis económica lo expulsó de Argentina en el 2001, y como entonces los argentinos no necesitaban visa para entrar a este país, se vino con un amigo y veinte dólares entre el bolsillo. "En billetes de un dólar para que pareciera que tenía bastante", recuerda. Hoy dice que si se hubiera quedado en Argentina a lo mejor se hubiera recuperado económicamente y hasta estaría mejor que acá, pero prefiere no mirar atrás, al fin y al cabo cree que ya no va a regresar. Daniel estudió comunicación social pero nunca ejerció, y aunque tuvo buenos trabajos gerenciales en empresas de supermercados, la crisis que lo dejó sin empleo fue para él un llamado a intentar trabajar en lo que era su vocación.

Le pasó lo que a muchos, llegó al aeropuerto JKF de Nueva York y se quedó esperando a la persona que lo iba a recoger, "una conocida de un conocido", dice. Así, sin hablar inglés y muerto de frío, se lanzó a encontrar algo qué hacer en esa gran ciudad. La energía no le alcanzó para un mes. Se fue a

La Florida, donde al menos tenía una prima hermana. Para no volverse un estorbo, aceptó un trabajo en lo primero que encontró, un restaurante. Ahí empezó a arrepentirse de la decisión de haber dejado su país. Venía de una familia acomodada, donde le servían, y no tenía que estar cuidando hasta el último centavo. Se sintió ingenuo y, además, extrañaba a su esposa y a sus hijos como jamás imaginó que podría llegar a extrañarlos. "Me di cuenta de que los necesitaba más de lo que creía".

Trabajó duro con el fin de reunir el dinero de los pasajes para que ellos se unieran a su aventura. Repartió volantes en la playa, hizo el aseo en una sucursal del banco Washington mutual, y también oficios de cocina en un restaurante Chino. Al cabo de tres meses juntó lo necesario. Tenerlos acá le ponía más retos, como aprender inglés para poder comunicarse con los profesores de sus hijos. Y aunque había abandonado la idea de ejercer su profesión en Estados Unidos, al menos leía los periódicos completos para estar informado y para adquirir vocabulario. Buscaba en el diccionario las palabras que no entendía y también traducía las canciones que le gustaban. Poco a poco fue aprendiendo. A pesar de los avances, Daniel dice que era como vivir en Argentina, trabajaba igual o peor para lo mismo: la plata no alcanzaba. "A veces no pagaba la renta, a veces pedía plazo para pagar la electricidad. Queríamos volver, pero ya no era tan fácil. Otra vez conseguir el dinero para los pasajes y ya no teníamos nada allá".

Un día, Daniel y su familia atendieron una invitación de una feligrés de una iglesia cristiana donde les darían una donación de dinero para aliviar su situación. Ese día empezó a cambiar su vida. Se dio cuenta de que las dificultades que debía enfrentar eran las mismas de cientos de inmigrantes, y sintió la necesidad de hacer algo por la comunidad... De paso, encontró espacio en su profesión. Se vinculó a estaciones de radio para hispanos y así llegó a Memphis, en el estado de Tennessee. Pronto la dueña de la emisora abrió un periódico y lo contrató como su editor. Daniel recuerda ese momento con estas palabras: "Aunque no vivíamos bien, sentíamos, sabíamos que teníamos una misión y, por eso, ya dejamos de pensar en regresar".

Seguramente por esa convicción Daniel no se derrumbó cuando el periódico cerró por falta de anunciantes. Al contrario, lideró con otros empleados la creación de una cooperativa para comprar el medio de comunicación y lograron que siguiera saliendo sin interrupciones. Y, tal vez por la misma razón, Daniel persistió cuando, de sus seis compañeros, cinco renunciaron porque vieron que no podrían vivir de ese proyecto. Convencido de su misión, y agradecido por la oportunidad de ejercer el periodismo, Daniel y su ahora único socio trabajaban en lo que sí pagaba en el día: Daniel como albañil, y el otro preparando comidas. En las noches y ratos libres hacían entrevistas y edición para sacar adelante a *El Norte*, como le llamaron al nuevo periódico, un nombre que parece explícito, por la ubicación geográfica del país que estaban dispuestos a conquistar. Pero se trata, ante todo, de la definición de lo que ese semanario significaba para ellos, esto es, su proyecto de vida, su norte. Un año después de trabajar a ese ritmo pudieron dedicarse solo al periodismo, y ahora tienen seis empleados. El único indocumentado de la redacción es él mismo, el dueño. "Pero es que esas son las contradicciones, yo puedo contratar gente, yo tengo un número legal de empleador, pero no he tenido cómo legalizar mi situación inmigratoria".

Le pregunto si volvería a tomar la decisión de emigrar si se encontrara ahora en su país. Me dice que quizá sí, pero que a los que se quieren venir "si están medianamente bien, si tienen algo, no lo dejen, porque no hay como vivir en la propia cultura e idioma. Esa idea de que acá el dinero se consigue fácil es ficticia, y las cosas no funcionan de un día para el otro. A mí me tomó siete años acomodarme. El destierro no es para todo el mundo, traten de hacerla en sus países".

Y, a los que ya llegaron, los alienta. "Todos los obstáculos se pueden salvar, no se desesperen, sigue habiendo huecos para colarse con las cosas básicas, como sacar la licencia de conducir. Yo, por ejemplo, la renuevo por internet. Si ya están acá perseveren, respeten la cultura de esta nación, eso no significa ser sumisos, pero no hagan cosas como usar banderas de sus países. Respeten las leyes de acá, aunque suene contradictorio, porque ya hemos violado la de estar sin documentos, pero no exijan que nos den algo y aprendan el idioma. Si yo estoy en un sitio público, como un restaurante, incluso solo con mi familia, que todos hablamos español, optamos por conversar en inglés por respeto a la gente estadounidense presente en el lugar, aunque no la conozcamos. Respeto, eso es muy importante".

La historia inexplicable

La historia de Fabio es la del perfecto candidato que no debe emigrar. Lo increíble es que a pesar de todo lo que ha pasado, él aún no lo entiende.

Tenía ya casi cincuenta años cuando decidió que el resto de su vida estaba en Estados Unidos. Había ido a la Florida haciendo uso de su visa múltiple de cinco años. Estuvo allí ocho meses trabajando aunque no tenía permiso para hacerlo. Este fue el primer error. Pero ganó tan bien como pintor de casas y todo le pareció tan bonito, que regresó a Colombia con un claro propósito: tramitarles visa a su esposa y a sus hijos. Vendió todo lo que tenía, una casa, un negocio, una finca y un carro (segundo error) y empacó en las maletas los recuerdos de lo que dejaba: comida, toda la ropa que le cabía en el armario, y fotos familiares. Por eso, el oficial de inmigración del aeropuerto de Miami no le creyó cuando Fabio le dijo que él y su familia iban a ir a Disney.

Le preguntó para qué necesitaba los álbumes de fotos para ir a Disney. Fabio le mintió a la autoridad (tercer error), que, sin embargo, le dio el beneficio de la duda. Le canceló la visa y lo deportó a él con el argumento de que ya conocía, pero dejó que su esposa y los tres hijos, entre los cinco y los dieciséis años, pasaran "para que fueran a Disney". Antes de montarse en el avión de regreso empezó a cometer el cuarto error. Le entregó a su esposa toda la plata que llevaban, menos unos cuantos dólares que utilizaría para pagar los costos de pasarse por "el hueco". Mientras su familia se instalaba a vivir en un barrio de tráilers, Fabio cruzó de Colombia a

Panamá y de ahí en bus hasta México. Al llegar lo detuvieron por no tener visa mexicana y lo metieron a la cárcel. Un mes después saldría de nuevo deportado a su país. Convencido de que la tercera sería la vencida, solicitó visa ante la embajada mexicana en Bogotá, con el argumento de que estaría de vacaciones por una semana en Cancún.

Contra todo pronóstico se la dieron, aunque solo por doce días, insuficientes para la travesía de más de un mes en la que pretendió ser un obrero mexicano con permiso de trabajo temporal para trabajar en Estados Unidos. Los propios mexicanos lo detuvieron. "Me decían que tenía cara de suramericano y me pusieron a cantar el himno nacional de México. Yo me sabía la primera estrofa… Mexicanos al grito de gueeerra… pero me decían no la haces, no la haces, y también me pedían datos geográficos exactos. Yo les rogaba, les lloraba que me dejaran pasar, me dio pena sobornar a los oficiales, porque a mí no me gusta hacer las cosas mal", asegura Fabio genuinamente, convencido de su apego a la ley. Esta vez le fue mejor porque al menos no lo deportaron sino que pudo volver a Colombia por sus propios medios.

Para entonces, su familia dependía de la ayuda de las iglesias para sobrevivir. Seis meses después, Fabio entró a Estados Unidos caminando, luego de escabullirse durante tres días de los perros y los focos del helicóptero de la patrulla migratoria por el desierto de Arizona. También sobrevivió al accidente provocado por el coyote que lo recogió tras cruzar la frontera. Cuatro de los ocupantes murieron. Fabio y dos personas más sobrevivieron y empezaron a correr sin saber si se estaban devolviendo hacia México o iban al país por el que estaban a punto de perder la vida. Cuando logró llegar a un hotel de mala muerte, con la noticia del accidente y la persecución dando vueltas en los medios de comunicación, su aspecto de cansancio y falta de higiene resultó tan sospechoso para el empleado que lo atendió que, no obstante que le dio la habitación, lo denunció a la policía. Fabio alcanzó a escapar por las escaleras traseras y, tras mejorar su apariencia en un baño de un establecimiento de juegos de video, se fue al aeropuerto de Houston y tomó un avión que lo llevó hasta Tampa. Finalmente, se reencontró en Fort Mayer con la familia que aún no conocía Disney. En este último trayecto de la travesía podría aumentar varios números a la cadena de errores de Fabio, pero lo que sigue era tan inesperado que todo lo anterior se queda corto ante su quinto error.

Cuando Fabio vendió todo lo que tenía en Colombia para irse a Estados Unidos, no hizo el trámite para poner a nombre del comprador la casa que vendió. Dice que ese trámite costaba un dinero que él no quería gastar en ese momento y que acordó con el nuevo propietario de la vivienda que esperarían un tiempo. Pero como el tiempo pasó y Fabio no solo no consiguió el dinero para hacer el traspaso sino que no apareció a dar explicaciones, recibió una demanda por estafa, de la que se enteró estando en La Florida por una llamada telefónica que le hizo su hermana. Haciendo gala de su genuino autoconvencimiento de ser un ciudadano cumplidor del deber, ocho meses después de haber entrado como ilegal, Fabio decide regresar a Colombia para ir a ponerle la cara al problema. De nada valieron las súplicas de su esposa para que intentara solucionarlo a través del consulado. Se negó a acercarse al consulado porque pensaba que ahí mismo le pondrían esposas y lo llevarían como un prófugo a Colombia para que respondiera ante la justicia. Ni se le pasó por la cabeza consultar un abogado, ni resolver la duda.

Ya en Colombia, resuelta la situación, fue al consulado mexicano a pedir visa, convencido de que esta vez el trámite sería fácil. Se la negaron, cayó en depresión y pasaron cinco años hasta que, según dice, se le abrió una nueva oportunidad de reunirse con su familia, o lo que para efectos de este relato debe entenderse como el sexto error.

"Alguien que se me presentó como capitán del ejército me dijo que él entraba a la embajada estadounidense como Pedro por su casa, y que me podía sacar una visa sin necesidad de que yo fuera al consulado. Yo estaba fresco porque íbamos a viajar en un vuelo chárter. Me dijo que le diera ocho millones de pesos y que él me cuadraba para que yo me fuera con un contrato de trabajo. Llegó el día del viaje y éramos tres los que íbamos a viajar con la ayuda del capitán, pero el tipo no apareció. Así estuvimos ocho días, con las maletas empacadas y despidiéndonos de todo el mundo, pero nunca nos fuimos. Le creí porque en los papeles que me entregó estaba el teléfono del consulado en Colombia, pero cuando se perdió, llamé a ese número. Cuando expliqué todo aceptaron pasarme a la cónsul. Sin embargo, ella me dijo que no conocía a ese capitán".

Fabio no se rendía ante la idea de no ver a su familia, ni aprendía de los errores cometidos. El séptimo error le costó aún más caro y le cerró del todo las puertas con sus hijos, quienes le mandaban el dinero para costear su búsqueda irracional de llegar a los Estados Unidos. Una funcionaria del Departamento Administrativo de Seguridad (DAS) le aseguró que si le daba treinta y cinco millones de pesos (unos 16 000 dólares de la época) lo pondría en la silla de un avión, le ayudaría a pasar por emigración y le daría una visa que procesaría con base en la que a él le habían cancelado. "Llegué al counter de Avianca, vieron mi visa, no me dijeron nada, cuando pasé por emigración hice lo que la funcionaria del DAS me había dicho, que siguiera por alguna de las casilla entre la uno y la ocho, y di el santo y seña que ella me dio para responder cuando me preguntaran para dónde iba: 'qué bonito día está haciendo hoy'. Todo iba bien, pero cuando ya estaba en la sala de abordaje del avión me llamaron y me dijeron que mi visa estaba adulterada. Me hacen radiografías para ver si era que llevaba droga pero, como yo iba limpio, solo me dijeron que el proceso por falsificación de documentos me podía dar cincuenta y seis meses de cárcel. Yo les insistía en que yo no había falsificado la visa sino que me la habían entregado así", dice tajante, dando por hecho que usar una visa a sabiendas de que estaba adulterada no enloda su nombre de buen ciudadano porque no fue él con sus propias manos quien hizo la falsificación del documento.

Lo judicializan, pero le dan libertad mientras espera ser llamado a juicio. En ese tiempo busca a la funcionaria que lo engañó para que le responda por el dinero pagado. La mujer le dice que lo puede volver a intentar pero por LAN Chile. Y, con la lógica que gobierna su vida, Fabio dice: "claro, pensé yo, con ellos es más fácil, es que Avianca es colombiana y entre bomberos nos pisamos las mangueras". Un mes después, con un nuevo pasaporte reportado como perdido y al que le cambiaron las fechas de expedición y expiración, Fabio se montó sin problema en un avión de LAN Chile.

El funcionario de inmigración que lo atiende en Miami detecta la falsedad desde el primer instante y lo envía a la cárcel principal del condado de Broward. Ahí pasa tres meses a la espera de su deportación. "Yo tuve oportunidad de quedarme, pidiendo asilo político. Unos abogados que me asesoraron allá me dijeron que si yo había sido amenazado en Colombia me podían abrir un caso de asilo, pero yo les dije que yo prefería no decir mentiras, que sí tuve algunos problemas de seguridad cuando tenía la finca, pero no tanto así como para pedir asilo. Además, por esa época se hablaba de que ya iban a aprobar la reforma inmigratoria, entonces preferí que me deportaran".

El día en que lo deportaron Fabio temía que, al llegar al aeropuerto, lo tomaran preso por el juicio que había dejado pendiente por fraude cuando usó la primera visa falsa, por eso se dio sus mañas para salir del avión entre el grupo de pasajeros de clase ejecutiva y dice que pasó sin llamar la atención de los funcionarios que, en efecto, estaban esperándolo para hacerle el proceso correspondiente a quienes llegan deportados. Asegura que salió por una puerta del pasillo que conduce hacia las cabinas de inmigración y que, ya en la calle, llamó a su hermana para que fuera por él porque no tenía dinero ni para el bus. A los deportados no los devuelven sino con una sudadera y un cepillo de dientes. El regaño que le dio su hermana lo hizo entregarse ante las autoridades del aeropuerto que lo buscaban por todas partes al percatarse de que había escapado. Lo detuvieron y lo condenaron por concierto para delinquir, pero le dieron la casa por cárcel porque le rebajaron la condena a la mitad. Una condena que dice que nunca cumplió, pero que, además, ni siquiera le vigilaron.

Dice que ha denunciado varias veces a la mujer que le falsificó la visa y que sabe que opera con una red de ocho personas, que ahora saca la gente a través de Trinidad y Tobago, pero que ahí sigue libre aprovechándose de los cientos de incautos que creen en lo que les ofrece. Han pasado casi siete años desde eso y Fabio no ha parado de intentarlo. Incluso logró la visa a México, pero sus hijos no quisieron enviarle dinero para pagar el coyote.

"Por la falta de la cabeza de familia, o sea yo, mi hijo se fue a vivir con una mujer que tiene hijos y, por estar viendo por ellos, ya no me ayuda a mí. También es que se ha quedado sin trabajo, pero al menos se legalizó porque tuvo un primer matrimonio con una venezolana que era ciudadana. Mi hijo menor, al que dejé de cinco añitos y hoy tiene dieciséis casi ni habla español. Él es el que más dolor me da porque no lo pude criar. Mi mujer se dedicó a la iglesia, me dice que tranquilo, que haga mi vida, al fin y al cabo yo ya tengo otros dos hijos chiquitos con una muchacha que era empleada de nosotros en el negocio que vendimos para irnos. Era la papelería Estelita, por el nombre de mi mujer. Lo que pasa es que yo ya no estoy pa'criar y lo que quiero es poder disfrutar a mis hijos grandes, y bueno, más adelante cuando me haga ciudadano sí quiero darles la ciudadanía a los chiquitos para que vayan y me visiten. Mi hija también tuvo un bebé, pero con un hombre que la maltrataba, entonces pudo lograr la residencia y ciudadanía con la visa U, que es para quienes son víctimas de violencia doméstica. Pero trabaja muy duro, me dice que está cansada pero que no se devuelve porque su hijo ya es de allá, tiene diez años, juega béisbol y no habla español. Ella no me ha pedido a mí para legalizarme porque dice que primero metió papeles para su mamá, a la que le toca muy duro pues sigue de ilegal. Tenía un trabajo en McDonalds, pero lo perdió por falta de documentos, entonces mi hija es la única que revienta para los 'biles' (facturas). Eso me da mucho remordimiento, dos mujeres solas y no poder ayudarles. Ahora les toca más duro porque viven en un apartamento que es más caro, es que el tráiler se pudrió después de que pasó un huracán. Al menos mi hija tiene un trabajito como asistente en un jardín infantil".

El más reciente intento de Fabio para llegar a Estados Unidos fue en mayo de 2012, convencido de que la embajada estadounidense iba a estar de acuerdo con él en que todo lo que ha hecho se justifica porque es un buen padre y esposo que solo quiere estar cerca de su familia. Se presentó a pedir visa para él y para sus dos hijos menores, "para llevarlos a Disney World". "La cónsul me preguntó si alguna vez había trabajado en los Estados Unidos, y a mí como no me gusta decir mentiras y menos a la autoridad, le dije que solo había pintado una iglesia una vez hace tiempo y que el pastor me dio una colaboración por eso. La cónsul me dijo que cuando estuviera dispuesto a decir la verdad volviera y me negó la visa".

Le pregunto si ha valido la pena todo lo que ha hecho y por qué lo sigue intentando. Me dice que no está arrepentido sino frustrado de no haber podido coronar ese país que le quitó a su familia y su patrimonio de veintitrés años de trabajo. "Yo quiero ir como a desquitármele a ese país por todo lo que me ha quitado, aunque yo ya sé que uno allá no trabaja para vivir sino que tiene que vivir para trabajar, es una monotonía, en los meses en que estuve allá trabajaba de domingo a domingo porque pensaba que para qué descansar si no me alcanzaba el dinero para salir a recrearme".

Hago una pausa para tratar de asimilar la lógica de Fabio, no lo logro, opto por hacerle la última pregunta, la de rigor. ¿Fabio, quiere que le cambie el nombre en el libro? Su respuesta me confirma que este hombre cometerá el octavo error y quizá muchos más. "No, use mi nombre, no hay ningún inconveniente, yo no me cambio el nombre, para qué, no me voy a engañar a mí mismo".

Estudiantes

Una escuela como tantas

Por varios años he asistido a una escuela durante el Mes de la Herencia Hispana. Ada, la profesora de español, una cálida cubana entregada a la enseñanza del idioma que conserva como un tesoro, me invita para que les hable a sus estudiantes de grado noveno en adelante. Dice que es importante que ellos oigan historias de gente exitosa para que se motiven a seguir estudiando, a pesar de las dificultades económicas y legales que deben afrontar si deciden inscribirse en la universidad. La comunidad hispana tiene una tasa de abandono de la escuela secundaria de 45 por ciento, un porcentaje superior al de la media del país, que es del 30 por ciento. Las historias de estudiantes desmotivados por aprender, o cuyos padres solo esperan que terminen *high school* para que empiecen a trabajar en algo que les permita contribuir con dinero a la casa, son el pan de cada día para esta maestra.

Lo he podido ver año tras año, de grupos de entre veinte y cuarenta estudiantes, solo de tres a cinco se interesan profundamente en la charla. Se sorprenden al saber que un día, al igual que ellos, también dudé si tendría posibilidad de entrar a la universidad, y entonces se interesan en preguntar cómo superé los obstáculos. Y siempre, sin excepción, alguno sugiere que no tuve el problema que ellos tienen, ser "ilegales". Esa es la justificación de la mayoría para hacer oídos sordos al aprendizaje, y para cerrar las puertas a la búsqueda de superación. La última vez que estuve en esa escuela les pregunté si creían que sus padres tomaron una buena decisión al venirse indocumentados para Estados Unidos con el argumento de ofrecerles un mejor futuro a sus hijos. La respuesta me conmovió. Para asegurarme, ante el murmullo desatado entre la pena por responder y por decir la verdad, les pedí que levantaran la mano los que creían que no había sido una buena idea. Si alguien la dejo abajo, no lo vi. Todos pensaban que era mejor que sus padres se hubieran quedado en su país de origen y que los hubieran criado allá. Con algunos hablé largamente.

Arturo: Mi mamá era estilista en México, atendía a gente rica y famosa, y acá llegó a lavar platos y a limpiar oficinas, trabajaba tanto que, cada vez que se iba, yo me quedaba llorando. Tenía cuatro años cuando me trajo y los vecinos llamaban a la policía. Siento que estaríamos mejor allá, ella misma dice que se arrepiente de haberse venido por hacer dinero, cuando ni siquiera lo puede disfrutar. Claro que ya compró un terreno en México, y ella se gasta la plata es en comprarme cosas caras, ropa cara, tecnología, pero yo quiero que nos devolvamos. Quiero estudiar computación y acá va a ser más difícil que pueda estudiar, en cambio si nos vamos, puedo entrar a la universidad, y como sé inglés, puedo poner algún negocio en turismo o algo así. Mi mamá dice que, al menos, esperemos a que me gradúe de la escuela para regresar. Ya llevamos trece años acá.

Katherine: Mi mamá salió de Guatemala por violencia doméstica, era contadora, le faltaba un año para hacerse notario público, pero echó nueve años de su profesión a la basura. Duramos un año atravesando México, parábamos en iglesias, usaba los uniformes que la gente donaba, aunque siempre me quedaban grandes y en la escuela en México se reían de mí. En México mi mamá planchaba ropa. Somos tres hermanos, el mayor no estudiaba, trabajaba de mesero para poderle ayudar a mi mamá con los gastos. Pasábamos hambre y frío. Recuerdo que un día solo teníamos un huevo para comer y nos lo repartieron entre los dos hermanos menores. Ya después, cuando llegamos a Estados Unidos, en la escuela se burlaban de mí porque yo no sabía hablar inglés, así que prefería quedarme siempre callada, prefería que pensaran que yo era boba. Cuando aprendí, me empezó a ir muy bien en la escuela, y he sido seleccionada para programas de liderazgo para jóvenes en el ejército. Fui una de las tres escogidas entre todas las escuelas públicas de Georgia para participar en ese programa, me fue tan bien que, al año siguiente, me llamaron como maestra y me dijeron que aplicara a la beca del ejército para costear la universidad. Pero, cuando les dije que no tenía documentos, me dijeron que mejor no aplicara porque no me la podrían dar. También perdí otra beca que me gané por buen desempeño deportivo. Como yo no la podía aceptar por ser ilegal, se la dieron a la que quedó de segunda que es estadounidense.

Ya buscó opciones entre las empresas privadas que becan buenos estudiantes, pero por su estatus migratorio no la aceptaron, y en un programa de excelencia estudiantil patrocinado por varias compañías privadas, le correspondió dar el discurso de agradecimiento. Sin embargo, le prohibieron hablar de su condición migratoria para que las empresas no se dieran cuenta de que sus aportes estaban beneficiando indocumentados. "Por eso me quiero regresar, si no estudio voy a tener que trabajar mucho y solo para pagar cuentas. Pero si me voy a mi país podré estudiar medicina y poner clínicas para atender a gente pobre. Si me quedo acá, no puedo hacer eso que sueño".

La joven que puso a rodar el *dream act*

Jessica Colotl es el símbolo de los llamados "dreamers". Hace dos años estaba en la universidad, tratando de arreglar su carro averiado, cuando se le acercó un policía del campus y le pidió documentos. La arrestó por no tener licencia de conducir. Pasó treinta y siete días detenida en tres prisiones distintas, entre ellas la cárcel de inmigración de Alabama, donde estuvo a punto de ser deportada. Fue uno de esos casos que los activistas abanderan, saltan a los medios de comunicación y logran frenar. Así fue como cobró fuerza el debate sobre el acceso a la educación universitaria de estudiantes indocumentados que llegaron a Estados Unidos siendo niños, sin la posibilidad de oponerse a la decisión de inmigrar ilegalmente que tomaron sus padres. Para el momento de su arresto Jéssica cursaba el penúltimo semestre de su *mayor* en Ciencias políticas y de su *minor* en francés. Cada semestre había pagado tres mil dólares de matrícula, un monto bajo gracias a los subsidios que la universidad recibía a través de los impuestos estatales. Pero, por ser indocumentada, Jéssica no tenía derecho a beneficiarse de esos subsidios. A ella, mínimo, cada semestre debería costarle ocho mil dólares, una cifra imposible de cubrir. El abogado *pro bono* que llevó el caso de Jéssica logró que el juez le diera una "acción diferida", un recurso que se otorga en casos en los que la deportación implique sufrimiento extremo, en este caso, por la imposibilidad de terminar los estudios universitarios. Con ese recurso legal tuvo derecho también a obtener una licencia de conducir y un permiso de trabajo. Por eso ahora Jéssica trabaja para el abogado que la defiende y, no solo ya se graduó, sino que ha renovado dos veces el permiso de estadía legal, aunque con una razón paradójica. A pesar de que la declararon inocente de haber bloqueado el tráfico, fue declarada culpable de manejar sin licencia y de mentir sobre estatus migratorio. Como ambos casos están pendientes, sirven de excusa para que ella argumente que no se puede ir del país porque tiene que atender requerimientos judiciales en cualquier momento.

Los padres de Jéssica, que la trajeron a ella y a sus tres hermanos de edades entre los dos y los once años, ya regresaron a México. Recuerda que su papá llegó primero a Estados Unidos, luego se vino la madre y dejó a los cuatro hijos en el pueblo donde vivían. Después, su padre regresó por Jéssica y sus hermanos y cruzaron la frontera caminando.

"Mi papá lo hizo ver como que era una aventura para venir a ver a mamá. La decisión de traernos para acá, a pesar de las dificultades que hemos vivido, fue buena. Allá vivíamos del salario de mi papá como transportador de legumbres y hubiera sido más difícil para mí graduarme de la universidad. Acá también ha sido difícil, claro. Por ejemplo, yo no puedo hacer los viajes que mis compañeros del minor de francés hacen a Francia cada dos años porque, si salgo, no puedo volver a entrar. A mí me toca todo tres o cuatro veces más duro que a los que sí son de acá, empezando por conseguir la información sobre beneficios para estudiantes sin papeles".

Jéssica fue el personaje del que muchos periodistas queríamos oír su reacción el día en que el presidente Obama promulgó el decreto para darle estadía legal a los jóvenes entre dieciséis y treinta años que llevaran al menos cinco años viviendo ilegalmente en los Estados Unidos. Lo hizo faltando cinco meses para las elecciones en las que aspira a la reelección. Ella sabe que los jóvenes hispanos indocumentados son un botín político. No obstante, dice que aunque Obama la ha decepcionado, sigue siendo la mejor opción. Sobre Estados Unidos dice que es un país que si bien la ha hecho vivir cosas muy difíciles, le ha dado oportunidades, por esas oportunidades, después de estudiar, dice sin que le tiemble la voz que espera irse cuando ella quiera, no cuando un juez se lo exija.

¿Mala suerte o alta probabilidad?

En América Latina el doce por ciento de la población en edad universitaria logra graduarse, según las cifras regionales más recientes de la UNESCO, que corresponden al 2005, con casos de mayor tasa como Panamá y Costa Rica, donde el veintitrés y el veintiuno por ciento de dicha población obtiene el título profesional, respectivamente. Y mientras que el desempleo urbano, según cifras de la Organización internacional del trabajo para 2011 registró un tasa histórica por lo baja, de 6,8%. En los jóvenes entre quince y veinticuatro años esa cifra fue de 14,9%. Muchos de los que logran ubicarse laboralmente solo obtienen como remuneración el salario mínimo, que aceptan para hacer por lo menos hoja de vida. Cuando ya la tienen, se encuentran con que resultan viejos a los treinta y cinco años para las condiciones del mercado laboral. Esa realidad expulsa a miles de profesionales de sus países, que con visa de estudiante o de practicantes unos, con visa de turista otros, o con visas para trabajos específicos, como Carolina Rendón(nombre cambiado por petición de la protagonista de la historia) intentan adquirir un nuevo idioma o una especialización con la que puedan aspirar a ser mejor remunerados.

Carolina, que no duda en decir que cayó en la desesperación de los recién egresados buscando empleo, eligió aplicar a ser *Au pair*, un programa que manejan varias agencias en todo el mundo y que ofrece intercambio cultural, según lo traduce la expresión originaria del francés "uno par", es decir, entre iguales, entendiéndose por eso, que la *Au pair* será otro miembro de la familia que la recibe. El programa garantiza a la *Au pair* que recibirá tiquete aéreo de ida y vuelta, tendrá un cuarto en una casa de familia, una remuneración semanal de ciento noventa y cinco dólares con setenta y cinco centavos, un bono de quinientos dólares para estudiar, acceso al vehículo de los dueños de la casa, tiempo para estudiar, y, al menos, un fin de semana libre al mes, sin festivos. Exige un nivel de inglés medio-alto y el cuidado de los niños de la casa por un máximo de diez horas de trabajo diarias, sin llegar a exceder las cuarenta y cinco semanales. Tanto el aspirante a *Au pair* como la familia que quiere tener una *Au pair* en casa deben inscribirse a un programa y pagar por el servicio de facilitar el encuentro entre gente lo más compatible posible. Para Carolina, recién graduada de Internacionalista y politóloga, con tesis laureada, excelentes notas y un salario mínimo, era una oportunidad para abrir sus horizontes.

"Primero me aseguré de que el programa estuviera avalado por el Departamento de estado, pagué unos dos mil dólares por la inscripción al programa, exámenes médicos, gastos de visado para visa J1, y licencia de conducir internacional. La agencia subió mi aplicación y me contactaron dos familias de California. Debía decidir si aceptaba sus ofertas en un plazo máximo de dos semanas, algo que me hizo sentir presionada, pero eran las reglas. Me escribí algunos *emails* con mi potencial *host mom* (mamá anfitriona) en los que ella me decía cómo esperaba que yo cuidara a sus hijos, uno de cinco años y otro de un año y medio, y de cosas generales. Yo acepté y viajé con un contrato de un año". Antes de llegar a California, las *Au pairs* de varias partes del mundo que iban a iniciar el contrato en fechas similares se reunieron en Nueva Jersey durante cuatro días para recibir instrucción sobre cuidado de niños, a qué números de teléfonos llamar si ocurría alguna emergencia, y sobre aspectos de la cultura estadounidense.

Cuando Carolina llegó a San Anselmo, California la convivencia empezó a tornarse hostil casi desde el comienzo. "Al segundo día de haber llegado, mi *host mom* me dijo que manejara yo el carro y que fuéramos a determinado sitio, cuando me vio manejar dijo que yo no manejaba bien y que tenía que meterme en un curso de conducir, y que de los quinientos dólares de bono anual que debía darme para estudiar, iba a sacar ciento cuarenta y cinco que costaba un curso de conducción para que yo asistiera por dos horas. Le dije que cómo pretendía que yo supiera las normas de una ciudad a la que acababa de llegar si solo llevaba dos días ahí, pero eso no importó. Luego, la señora me decía que debía lavar los baños, limpiar la casa, hacer la comida, y lavar la ropa de toda la familia. Yo le mostraba el contrato para que ella se diera cuenta de que yo no estaba obligada a hacer eso, pero ella se molestaba y me gritaba. Fue muy humillante. Me sentía utilizada, abusada y agotada, porque ni hora para almorzar tenía. Me tocaba comer al mismo tiempo que le daba comida a los niños, y yo que ni era mamá no sabía cómo era eso de atender niños, y eso que ya tenía veintitrés años, pero el programa es para niñas desde los dieciocho que llegan pensando en que van a rumbear todos los fines de semana. Lo que aprendí fue porque les preguntaba cómo se hacían las cosas a niñeras hispanas que me encontraba en el parque al que llevaba a los niños, pero es muy duro, muchas veces quise devolverme a Colombia. Busqué ayuda con la coordinadora de *Au pairs* del área, pero ella solo mandaba *emails* y me decía que si no estaba satisfecha con la familia que me había tocado que hiciera un *re-match*, es decir, que aplicara para buscar una nueva familia. Después me enteré de que antes de que yo llegara la familia tenía una inmigrante indocumentada guatemalteca que hacía todos los oficios de la casa, más el cuidado de los niños y, por eso, la señora esperaba que yo hiciera lo mismo. La agencia no le había explicado bien a la señora cuáles debían ser sus límites. No hay la completa honestidad de parte de la agencia para exponer todo lo que va a pasar, ni con la potencial familia ni con la potencial *Au pair*, te dan una información sesgada. Durante los tres primeros meses viví ese infierno, hasta que le dije a la señora que solo iba a hacer lo que me pedía mi contrato, yo ya me había encariñado con los niños y había empezado a entender que la mamá tenía muchos problemas porque trabajaba mucho y estaba a punto de perder su casa. Además, sufría de trastorno bipolar, así que, aunque no era parte de mi rol, empecé a ayudar en que la señora se mejorara. Me volví como la sicóloga de la familia porque, a pesar de lo mal que la estaba pasando, quería sacar adelante la experiencia. Un día que fue de visita la coordinara del programa se dio cuenta de que sí era cierto lo que yo le decía, pues la señora de la casa la grito fuerte. Luego las cosas mejoraron porque mi *host mom* aceptó ir a terapia, pero, al mes y medio, estaba igual con los gritos y las exigencias, y por todo el resto del año, aunque no me tocó seguir lavando baños ni limpiando, sí me tocó preparar la cena de toda la familia, todos los días, y también lavar la ropa de todos. Además no respetaba mis horarios de estudio, había días que tenía que trabajar doce a trece horas; tampoco podía guardar mi privacidad, aunque es algo que está en el contrato, porque los niños se metían a mi cuarto y pasaban cosas que invadían mi espacio en las horas en que se supone que yo debía descansar o estudiar. A veces ellos salían de fin de semana y se iban sin pagarme y yo me quedaba sin con qué comer. Estando allá mi abuela murió y, como yo tenía una relación tan cercana con ella, me dio muy duro. Le dije a mi *host mom* y ella solo me dijo que lo sentía mucho… No tuve ni un momento para estar sola y llorar. Un día choqué levemente el carro mientras estaba dando reversa y ella me descontó de mi pago setecientos dólares, aunque el contrato de *Au pair* decía que pasara lo que pasara, a uno no le podían descontar más de doscientos cincuenta dólares. La agencia decía que nos daba acompañamiento, pero eso no pasaba de organizar paseos grupales con otros *Au pairs* y de darnos una hoja de papel con unas guías para manejar lo que ellos llaman *home sick*, que es como la nostalgia que da dejar la casa y el país de uno. Pero esas guías eran para integrarse más a la cultura, aprender más inglés, reunirse con otros *Au pairs*, y otras cosas obvias e insuficientes para enfrentarse a los sentimientos de soledad y a tantos cambios, empezando por lo obvio, como los horarios para comer y el tipo de alimentación".

Con ese mal comienzo, me llama la atención cómo Carolina pudo aguantar el año entero con esa familia. Su respuesta es una enseñanza no solo para los inmigrantes sino para cualquier ser humano que vive una situación difícil. "Dejé de resistirme a lo que estaba viviendo, decidí no quedarme llorando sino entender que las cosas, aunque no eran sencillas, tampoco debían ser más complicadas de lo que ya eran por cuenta de mi actitud. Pensé que, generalmente, toda experiencia tiene aspectos malos y buenos y que, incluso, lo malo puede ser transformado en algo positivo. Por eso medité la situación, me pregunté qué siguiente paso debía dar para aprovechar lo positivo de la experiencia y sacar adelante la meta de aprender inglés. Empecé a abrirme más a la cultura, me iba a las librerías, a las obras de teatro, conseguí amigos y, al final, aprendí mucho de mí misma, me volví más fuerte, más analítica, más observadora, y más independiente. También me di cuenta de que al principio estaba cometiendo el error de no mantener contacto con mi grupo social en Colombia, solo me hablaba con mi familia, y no quería ni entrar a Facebook ni a nada donde pudiera ver los espacios donde antes estaba y los amigos con los que antes andaba pues me daba nostalgia, no quería sentir eso porque hasta añoraba cosas como quedarme dormida en un bus después de presentar un parcial. Luego, por fortuna, reflexioné y concluí que uno tiene que liberarse de esas prisiones mentales, entender que uno sigue siendo uno a pesar de estar en otro lugar y que hay que salir a descubrir ese nuevo lugar y encontrar los espacios que a uno le gustan, vivir la experiencia con alegría, sonreír así sea el peor día. Sentir nostalgia está bien y esa tristeza también es bonita, pero si no pasa de cierta raya. Me ha tocado ver gente que por esa tristeza se sumerge en el alcohol y eso lo puede llevar a uno hasta al suicidio. Cuando uno se siente mal tiene que pensar por qué está haciendo lo que está haciendo y no dejarse llevar, menos por cosas que pueden ir en detrimento de uno mismo. En ese año hasta aprendí a nadar y a montar en bicicleta, cosas que me había dado miedo hacer antes, y eso lo hacía cuando la familia con la que vivía me daba tiempo libre, porque ellos son los que manejan tu tiempo, cada semana te dicen cuáles van a ser tus horarios. Me dediqué a aprovechar esas horas libres en hacer cosas buenas para mí misma. Otras *Au pair* se fueron antes de terminar el programa porque no aguantaron a las familias, también es cierto que con las latinas hay un estigma, porque acá me di cuenta de que a las *Au pair* que vienen de Europa las ubican con familias donde haya alguien de su misma nacionalidad o cultura, por ejemplo. Pero con las latinas asumen que uno está dispuesto a ser muchacha del servicio. Por eso a quienes quieran usar este programa les diría que se tomen más tiempo para averiguar sobre la familia a la que van a llegar. Yo haría más preguntas para aclarar cuáles son mis responsabilidades, qué espacios y tiempos voy a tener y me preguntaría si realmente quiero hacer eso, porque bueno, hay otros programas también, como prácticas remuneradas, visa de estudiante, con los que no tienes que estar al servicio de una familia y puedes tener más libertad. Y también les diría que es importante tener la mente muy amplia, yo tenía muchos imaginarios de lo que iba a ser estar acá, pero cuando llegué me tocó hacer un borrado cerebral para acomodarme a la realidad. A pesar de todo fue una experiencia positiva y, al final, la familia me hizo una cena, me regalaron recuerdos y me dijeron que me iban a extrañar".

Carolina regresará a Estados Unidos una semana después de darme esta entrevista. Una familia que conoció durante su primera estadía en el país se encariñó con ella y le ofreció alojamiento, carro y ayuda para estudiar. Dice que quiere sacar un título certificado de inglés y quedarse a estudiar una especialización en Estados Unidos, por el momento no ve buenas opciones para ella si se queda en Colombia.

Casarse por papeles

Divorciado, viudo, sin papeles, pero feliz

La Oficina de Ciudadanía y Servicios de Inmigración del Departamento de Estado de los Estados Unidos aprueba cada año la residencia para unas doscientas mil personas. La manera más expedita de obtenerla es contrayendo matrimonio con un ciudadano estadounidense. En ese caso no hay límite anual de peticiones de residencia, basta con demostrar que el extranjero no ha cometido delitos y que el matrimonio fue por amor. Así de sencillo como suena, casarse con un extranjero es, para muchos estadounidenses, una forma de ganarse unos diez mil o doce mil dólares, y para muchos extranjeros, la única opción de legalizar su estatus migratorio. Reúnen fotografías, cartas, cuentas bancarias en común y otra serie de pruebas que sustenten ante los oficiales de inmigración que llevan una vida bajo el mismo techo y que el amor que se juraron ante el juez o ante el sacerdote es eterno. Pero para quienes se han aventurado en esa experiencia como una mera transacción de conveniencia, no ha sido tan simple como suena. En últimas, es una cuestión de suerte. Una suerte con la que no contó Esteban.

Él llegó con su esposa en 1982, con la idea de mejorar su estilo de vida. La fábrica de neumáticos en la que trabajaba en Uruguay empezó a decaer porque bajaron sus exportaciones. Entretanto, el costo de vida subía. Animados por unos amigos que ya habían emigrado, dejaron todo. En el primer mes de estadía en Estados Unidos comprobaron que habían tomado la decisión correcta. "Con lo que me gané la primera semana de trabajo me alcanzaba para pagar la renta del apartamento donde vivía y me sobraba, con lo que me ganaba en la segunda semana me alcanzaba para la comida de todo el mes y hasta gastando en restaurantes, y lo que ganaba en la tercera y cuarta semana lo podía ahorrar", recuerda Esteban con la seguridad de quien está diciendo algo obvio. " Lo que me ganaba en todo el mes en Uruguay no alcanzaba casi ni para el arriendo y ni soñar con ahorrar". Resuelto fácilmente el tema económico, pensaron que sería igual de fácil resolver los asuntos legales. El abogado que consultaron les trazó un panorama simple:

"La única posibilidad que tienen de regularizar su situación es casarse, nos cobraba mil quinientos dólares. Pero claro, teníamos que divorciarnos mi esposa y yo para que ella se pudiera casar con uno y yo con otra. A los cuatro años de haber llegado, aceptamos dar ese paso. El proceso de mi esposa salió bien, pero el mío no. La señora con la que yo me casé por papeles se asustó cuando nos separaron en la entrevista y los oficiales se dieron cuenta de que era un fraude. La asustaron tanto que la hicieron confesar.

A mí me detuvieron, me tocó pagar una fianza e ir a la corte. Allí me dieron salida voluntaria. Haciendo caso a los abogados me fui a Uruguay para cumplir con esa salida voluntaria, pero luego volví a entrar ilegalmente por McCalen, en Texas, con tan mala suerte que me detuvieron y me volvieron a meter a la cárcel, aunque en vez de deportarme me dejaron libre. Cuando salí, por lo que había pasado, mi esposa y yo decidimos juntar dinero para devolvernos a Uruguay, pero luego ella quedó en embarazo. En ese momento yo, que soy católico, le pedí a Dios que me mandara una señal para saber si lo mejor era irnos o quedarnos, y Dios nos mandó la señal. Estábamos teniendo problemas para que nos rentaran un apartamento en donde pudiéramos vivir con niños chiquitos, pero nos rechazaban en todas partes. De pronto, nos salió una casa para comprar y nos aprobaron el préstamo sin problema. Así entendí que Dios nos estaba diciendo que debíamos quedarnos".

En esa casa vivieron catorce años y nacieron sus tres hijos. También en esa casa murió su esposa, tras luchar sin éxito contra la leucemia. En ese duro momento también se preguntó si debía regresar a su país, pero concluyó que lo mejor era terminar de criar a sus hijos donde habían nacido y, para liberarse de cargas, habló con su familia en Uruguay. "Les dije que no sabía si iba a regresar algún día a verlos, que ahora mi familia más importante eran solo mis hijos, y dejé de pensar en que nunca iba a volver a abrazar a mi madre y esas cosas". Hoy se siente satisfecho con la decisión que tomó, sus hijos mayores se han graduado de la universidad y la menor sigue en la escuela secundaria. Él sigue haciendo lo mismo que ha hecho desde que llegó hace treinta años: pintar casas y dejar todo en manos de Dios. "Al principio sí tenía esa preocupación de que me detuvieran, pero me liberé. Lo primero que hice fue apagar el televisor, no veo noticias, no leo los diarios. Los noticieros son como un veneno, no ayudan a tener paz".

A Esteban le quedaba una esperanza, un plan b que pronto se haría efectivo. Cuando su hijo mayor cumpliera la mayoría de edad, lo "pediría", es decir, solicitaría la residencia para su padre. Saber que había perdido ese derecho fue un nuevo golpe. Solo podría acceder a este si salía del país por diez años, era el castigo que debía pagar al haber sido procesado por intentar hacer fraude casándose para obtener los papeles.

En una nueva asesoría legal el abogado le dio dos opciones. La primera, pedir que reabrieran el caso de su matrimonio por conveniencia, algo posible porque su solicitud nunca fue rechazada, ya que una vez las autoridades descubrieron el fraude, él retiró la petición de residencia por matrimonio. Si lograban reabrir su caso, él podía argumentar que al ser un hombre viudo a cargo de tres hijos nacidos en Estados Unidos, necesitaba una visa para poder seguir criándolos. La otra opción era esperar a que hubiera una reforma inmigratoria. El abogado también le advirtió que la posibilidad de que aun reabriendo el caso lograra la visa con la primera opción era remota, y como por esos años se hablaba tanto en los medios de que sería aprobada una ley que regularizaría la situación de los indocumentados, Esteban optó por esperar la reforma, la cual nunca llegó. Pasados los años regresó a donde el mismo abogado a decirle que se había decidido a recurrir a la primera opción, pero ya era demasiado tarde. Solo hasta ese momento su asesor le explicó que la opción de pedir la visa por viudez solo podía hacerse efectiva dentro de los dos años posteriores a la muerte de su esposa, un tiempo que ya había pasado.

"Los mismos abogados me dicen que nunca habían visto un caso de tanta mala suerte como el mío, aunque yo digo que aparte de la muerte de mi esposa, en este país nunca me ha pasado nada malo. Este país me encanta, me encanta su gente, su cultura, nunca tuve ni problemas de adaptación". Esteban piensa que ya que ha aguantado lo más puede aguantar lo menos, calcula que regresará a su país en seis años, apenas su hija menor termine la universidad. También hace esa cuenta porque tiene licencia de conducir hasta el 2019, un documento que ha podido renovar en diferentes estados o por internet, pero que para esa fecha seguramente ya no podrá solicitar de nuevo, porque las leyes se han ido volviendo más estrictas para impedir que los indocumentados obtengan permiso para manejar, una actividad tan vital en Estados Unidos como respirar. Tres décadas después de haber entrado por primera vez a Estados Unidos, Esteban dice que lo único que cambiaría son las malas decisiones que tomó para legalizarse.

"Si yo no hubiera decidido casarme por papeles, hubiera entrado en la amnistía del 86, pero por haber hecho ese fraude, he perdido derecho a todos los beneficios que hubiera podido usar después. Hasta tengo proceso de deportación vigente, claro que he estado de buenas porque nunca me han venido a buscar". Esteban aclara que él llegó en otros tiempos, en los cuales la diferencia en el nivel de vida entre Estados Unidos y los países de América Latina era abismal. Reconoce que ahora las economías de los países hispanohablantes dan más oportunidades de progresar y sabe, por experiencia propia, que ya no es tan fácil hacer dinero en Estados Unidos.

"La gente ya no viene a progresar, acá también hay que trabajar duro, a los que les sirve el dinerito que hacen es a los que se estaban muriendo de hambre en sus países, los que allá eran tan pobres que cualquier cosa que hagan acá, aunque sea poca, sirve si la mandan de remesa a su familia. Además, tienen que estar dispuestos a vivir mal acá, con poco. Y es más, aun si se vienen legalmente, si no tienen una profesión o una habilidad muy especializada, también es muy difícil que les vaya bien. Los que solo tienen *high school* que ni lo intenten. Y Creo que acá todavía falta que llegue una crisis muy grave, imagínese que mi primera casa la compré en setenta y tres mil dólares y la vendí en ciento cuarenta mil, pasados catorce años. La que tengo ahora la compré en doscientos veinticinco mil dólares y llegó a valer doscientos setenta mil. Pero cayeron los precios y ahora vale solo ciento treinta y cinco mil. Yo estaba esperanzado en que con la ganancia de mi casa tenía mi retiro asegurado para irme a vivir bien a mi país, pero ahora no sé".

No obstante lo que ha vivido, Esteban asegura que quiere a Estados Unidos como si fuera su país. Recuerda cómo, desde que tenía diecisiete años, trataba de aprender inglés, y cómo, al llegar, una de las primeras escenas que vivió lo enamoró. "Entré a un banco y los empleados atendían rápido y sonrientes, me conversaban, mientras que en Uruguay uno entraba a un banco, y aunque había varios sin hacer nada, atendían de mala gana. Además, yo aprendí algo en una iglesia mormona en Uruguay a la que una vez entré. El que estaba al frente decía que si uno iba a emigrar debía adaptarse a la cultura y costumbres del país al que llegara, y eso es lo que yo he hecho".

Una oferta irrechazable

La necesidad de aprender inglés para poder ascender en el negocio de exportaciones e importaciones hizo que Eduardo Calvache saliera del país. Con una visa de estudiantes se matriculó en una universidad y se fue en busca de su objetivo. Estando ya en Estados Unidos las cosas fueron cambiando, o como dice él cuando le pregunto cuándo decidió que se quedaría en este país: "Otras personas decidieron por mí".

Estaba a punto de vencerse su visa cuando se le presentó lo que él consideró una oferta irrechazable. Una compañera de trabajo (la visa de estudiante le permitía trabajar dentro del campus) le ofreció que se casaran para que él se pudiera quedar. "Yo no estaba buscando cómo quedarme, pero ella me dijo que como ella había tenido una vida tan difícil y había salido adelante gracias a gente que la ayudó, se sentía en la necesidad de ayudar a otros, y consideraba que casándose conmigo me estaba ayudando. Yo pensé, tanta gente buscando con quién casarse para legalizarse y a mí me llega sin buscarlo y sin que me cobren. Además, la empresa en la que yo trabajaba en Colombia iba a cerrar porque había problemas con el sindicato". Hicieron una fiesta, tomaron fotos, enviaron a la oficina de inmigración la petición de ciudadanía por matrimonio y, de pronto, su esposa desapareció. "Dejó de contestarme el teléfono y los mensajes. Fui a buscarla a su casa y me dijeron que se había mudado, eso fue un sufrimiento horrible porque yo me quedé en un limbo, no sabía qué hacer, temía que si trataba de averiguar algo se iban a dar cuenta de que había sido una solicitud fraudulenta, no sabía qué hacer con mis proyectos, fue muy duro".

Así pasaron cuatro años hasta que contrató los servicios de una abogada y conoció una nueva mujer a la que le pagó doce mil dólares para que se casaran. "Cincuenta por ciento el día del matrimonio, veinticinco por ciento el día de la primera entrevista y el otro veinticinco en la segunda entrevista. Nos fue bien, la entrevista fue fácil, no nos hicieron preguntas difíciles, y eso que nos habíamos preparado. Ella se había ido a vivir a mi casa dos días antes, habíamos coordinado las respuestas a posibles preguntas como el color del cepillo de dientes de cada uno, de qué lado de la cama duerme, qué comimos la última vez que salimos a un restaurante, qué película vimos la última vez que fuimos al cine, cómo se llamaban los familiares de ambos y dónde vivían, etc, pero fue fácil, y ni siquiera nos separaron".

De eso ya han pasado ocho años, Eduardo se divorció de su "segunda mujer" seis meses después de que le llegó su residencia, y no ha regresado a su Colombia natal. Dice que no le hace falta volver aunque reconoce que extraña la familia y algunas amistades. Cuando le pregunto si lo volvería a hacer me dice que aunque para él el calvario que pasó finalmente valió la pena, lo pensaría más de dos veces. A los que se quieren venir les aconseja que no lo hagan, no solo porque conseguir trabajo es muy difícil, de hecho él perdió su trabajo hace más de un año y no se ha podido ubicar en lo mismo, sino porque es muy complicado conseguir a alguien con quién casarse. "Yo no me casaría con nadie para darle los papeles, he conocido muchos casos que fallan, más o menos el treinta por ciento, y los finales son desastrosos, es una lotería".

La tercera sería la vencida. ¡Soy muy salada!

Todo lo que le salía a Lorena Pardo luego de graduarse de administración hotelera eran trabajos temporales. Animada por algunas amistades, pidió la visa estadounidense con la idea de irse a aprender inglés, ahorrar un poco de dinero y volver al país con mejores perspectivas profesionales. De eso han pasado trece años y Lorena aún no ha regresado. "Yo jamás me imaginé que iba a estar sin ver a mi familia tanto tiempo. Uno se viene, los planes te cambian, la vida te cambia sin que te des ni cuenta".

Solo hace un año su vida cambió para bien, cuando se casó por amor con un estadounidense que conoció en la misma iglesia cristiana a la que asiste. Antes pasó por ser echada de manera humillante de un empleo, rechazada por la familia del novio con el que quería casarse, y estafada por un hombre que le cobró para que se casaran y luego desapareció.

"Mi primer trabajo fue cuidar a una viejita las veinticuatro horas del día. La señora se acostaba a las cinco de la tarde y a esa hora yo me tenía que quedar en completo silencio y encerrada en mi cuarto. Al tercer mes me estaba volviendo loca. Un día que la llevé a la piscina de un centro de ancianos que ella frecuentaba se enojó porque yo llevaba un libro y me dijo que lo dejara. Yo le dije que era para leer mientras ella estuviera entretenida con sus amigas, pero ella me dijo que no, que yo solo estaba ahí para cuidarla, no para leer. Como yo me rebelé, ella me sacó mis cosas de la casa, me tiró mi ropa a la calle. Luego conseguí un trabajo de *baby sitter*. La señora era buena persona y, como tenía una agencia de viajes, me ayudó a hacer la extensión de 194, el papel mediante el cual le autorizan a uno el tiempo de estadía cuando entra. Mi plazo era por seis meses, y ya me había dicho que cuando se venciera me fuera a Colombia o a Las Bahamas y volviera a entrar para que no violara las normas de mi estadía legal. Pero yo cometí un error y no supe ver que lo que ella me brindaba era una oportunidad. Me equivoqué porque conocí a alguien, un musulmán con el que me ennovié y, como él tenía estaciones de gasolina, me ofreció administrar una de ellas. En ese momento solo pensé en que él tenía plata y que me iba a dar estabilidad económica. Pero no fue una buena decisión, me deslumbré, fui ciega.

Un día, saliendo del sitio de la estación de gasolina, tuve un accidente en la carretera, pues era muy oscura. De milagro quedé viva, casi pierdo un brazo, me hicieron dos cirugías para salvármelo, se me quebró la pelvis, me tuvieron que llevar en helicóptero a Tampa. Todo pasó un mes antes del tiempo en que yo tenía previsto regresar a Colombia para no quedarme ilegal. Pero como estaba tan mal, y en Colombia no tenía seguro médico, no me quise ir porque yo necesitaba estar en tratamiento con doctores. Luego de que eso pasó no tuve quién me ayudara a hacer una apelación para defender mi estatus legal por razones médicas. Lo bueno fue que aunque la cuenta salió en unos sesenta mil dólares, a mí solo me tocó pagar unos tres mil. Durante ese tiempo mi novio, el musulmán, a pesar de su cultura machista, me cuidó, me lavaba la ropa, me preparaba la comida y, por eso, me apegué más a él. Pero, cuando me propuso matrimonio, su familia se opuso acérrimamente, y aunque mi novio decidió que nos fuéramos a vivir a Atlanta (hasta ese momento vivíamos en Boca Ratón) cuando mi suegra nos visitaba, vigilaba si yo le servía a él como ella esperaba que yo lo hiciera. También me llevaba ropa para que yo me vistiera como ellos. En parte fue mi culpa porque cedí en muchas cosas para conservar esa estabilidad económica que él me daba. Además, ellos eran de los musulmanes extremistas y yo había visto que él tenía unas marcas en la espalda, pero no sabía de qué eran. Hasta que una vez, después de un ayuno, lo vi flagelarse con un grupo de compatriotas. Vi cómo se enloquecían con eso. No podían parar de hacerse daño, y lo hacían delante de los niños y las mujeres, yo solo pensaba que si llegaba a tener un hijo de él, él querría que nuestro hijo hiciera lo mismo y, por supuesto, yo no quería eso, me cansé... Además, empecé a asistir a una iglesia cristiana y me di cuenta de que estaba viviendo una vida que no era agradable a los ojos de Dios. Luego volví a flaquear, hace un año y medio, porque no conseguía con quién casarme por amor para legalizar mi situación, entonces conocí a un hombre que me cobró dos mil dólares como primera cuota para casarnos, le pagué, le di el dinero y nunca más volvió a aparecer. Eso fue horrible. Al principio, cuando lo llamaba para que preparáramos los papeles para enviar la petición de ciudadanía por matrimonio, me decía que estaba ocupado. Luego, ya no volvió a aparecer, nunca me dio ningún papel con el que yo pudiera hacer la petición. Al cabo de cinco meses pedí el divorcio, nunca supe más de él. Gracias a Dios apareció mi actual esposo, pero antes de pedirme matrimonio él fue a conocer a mi familia, a Colombia, solo, porque yo aún no podía viajar por falta de papeles. Ese ha sido el gran dolor para mí, mis abuelos murieron y no los pude ver, la única que me queda viva, quien me crió, ahora tiene alzhéimer, es decir, que ya no me va a reconocer. Tengo dos sobrinos, uno de tres y otro de cinco años a los que todavía no conozco. La familia duele, el dinero nunca va a compensar todo eso, porque, mal o bien, allá en Colombia se vive, o aunque solo se sobreviva, de lo que uno se priva por estar acá es algo más valioso que el dinero. Por eso yo le digo a la gente que quiere venirse para acá que lo piense dos veces, que cuando sientan que irse es una oportunidad, primero vean su moral, si Dios estaría de acuerdo con eso que van a hacer o están haciendo, uno muchas veces confunde una bendición con algo que solo es un beneficio personal".

Le pregunto a Lorena si cree que, de haberse quedado en Colombia, hubiera llegado a ubicarse mejor laboralmente. Me dice que no, y que de hecho tiene primos profesionales que no están ejerciendo, a los que, sin embargo, les dice que no se vayan de su país. "Quizá, si no me hubiera venido, no conocería a Dios como lo conozco ahora, eso ha sido lo bueno de esta experiencia, porque de resto... yo no es que tenga nada tampoco, compré una casa que tuve que vender cuando bajaron los precios de las viviendas, hubo un tiempo que me quedé sin *room mate* (compañero de casa) y me tocó tomar un trabajo en el que me pagaban menos. En ese tiempo me tuve que gastar todos mis ahorros. Y una de las cosas que más me llamaban la atención de este país es que, supuestamente, la gente era más correcta, pero acá tratan de sacarle el dinero a uno como sea. Por ejemplo, una vez me ofrecieron dizque unas revistas gratis, y aunque yo no firmé ningún papel ni nada, después me llegaban los cobros, y yo de miedo a dañar mi historial de crédito pagaba y pagaba, casi no me puedo quitar a esa gente de encima. Eso uno no lo creería de acá. A mí me gustaría que uno pudiera valorar a la familia antes de tomar la decisión de emigrar, pero como dice el dicho, nadie sabe lo que tiene hasta que lo pierde. Yo allá me la pasaba con mis amigos y no con mi familia, y ahora, aunque ya estoy casada y estoy bien, los días más depresivos para mí siguen siendo los domingos. ¡Porque acá es tan solo, tan diferente! En Colombia siempre estaba la casa llena los domingos. El amor al dinero es lo peor, hoy tienes, mañana pueden pasar muchas cosas... y yo no tengo nada, ni aquí ni allá".

Al hacer las últimas correcciones a este libro recibo una carta de Lorena, en la cual me dice lo siguiente:

(...) Nos llegó una carta de inmigración diciendo que mi petición de residencia fue negada. ¡Sí, me negaron la residencia, y fue tan doloroso porque ya contaba con ver a mi familia este año. Precisamente en este momento que abro este correo, mi esposo y yo acabamos de vernos por tercera vez con un abogado de inmigración, al cual tenemos que pagarle $2300 dólares para que nos ayude a reabrir el caso. Más $630 dólares que pagué hoy directamente en inmigración por un formulario. !Qué irónico... no sé hasta cuando! Yo ya me hubiera ido, pero mi esposo tiene toda su familia aquí y no es justo que nos vayamos a vivir a Colombia sin tener trabajo ni nada, por eso sigo luchando, solo por un papel que me permita entrar y salir. Esto puede tomar otros seis meses o un año. ¿Tú crees que alguna vez podré ver a mi familia?, ¿Sabes el promedio de cuánto me he gastado yo en solo trámites de inmigración incluyendo abogados y formularios? ¡Casi veinte mil dólares! Por eso no tengo nada materialmente. Te seguiré contando, de verdad que a veces pienso que estoy muy salada o que mi vida es una completa novela. ¡Bendiciones! (...)

TONY GUERRERO, EL TALENTO LATINO

Los misioneros que fueron a Tampico, México necesitaban un traductor. Le ofrecieron pagarle a diez dólares la hora, mucho más de lo que se ganaba como vendedor de una empresa farmacéutica, y como para entonces ya tenía un bebé, ese dinerito sí que le caía bien. Pero eso no fue lo que le dio la idea de emigrar a Estados Unidos. Desde que trabajaba como botones en un hotel, Tony Guerrero relacionaba el éxito con "los gringos, siempre bien vestidos, que no tenían que batallar para comprarse un par de buenos zapatos". Por eso, cuando los misioneros se fueron sin pagarle los ciento veinte dólares que le adeudaban, y no se los mandaron por un giro internacional, como le habían prometido, decidió usar su visa de turista para cruzar la frontera e ir a cobrarle a esos gringos que consideraba tan exitosos. Cuando llegó al aeropuerto de Atlanta tomó un taxi y pagó cincuenta dólares para que lo dejara en un sitio "donde hablaran español". El taxista, muy eficiente, lo dejó frente a un letrero que decía: "Se habla español". Otros cincuenta dólares se le fueron en pagar la primera noche de hotel, de manera que cuando localizó a su deudor, la plata que fue a cobrar era su único capital.

Con el dinero en mano, y ante la oferta del pastor de la iglesia para que viviera en su casa y trabajaran para crear una iglesia en español, Tony se olvidó de la idea de regresar a su país y comenzó su historia como inmigrante. El pastor le cobraba renta, con el argumento de que debía probar que su fe era firme y, en la adversidad económica, eso sería fácil de detectar. Como el proyecto no avanzaba, Tony, vestido de traje y corbata, buscó trabajo en un restaurante mexicano. Solo tenían puesto como recepcionista y le explicaron que ese trabajo era exclusivo para mujeres. Pero ante su oferta de ganar tres dólares menos por hora, hicieron una excepción. Allá llegaba todos los días en la bicicleta de la hija del pastor, de color rosado y pequeña para su edad y tamaño. Era la única opción de Tony para llegar a lo que le daba de comer. Al poco tiempo, ese trabajo le dio para comprarse un auto viejo de trescientos dólares.

El tiempo pasó y Tony pudo traerse a su esposa y a su hijo, a pesar de que la relación se había debilitado por la distancia. Tanto ella como él habían tenido otras parejas. Incluso, con la tradicional familia de una novia sureña que tuvo, Tony sintió lo que considera el primer acto de racismo en su contra. Se sintió "escaneado" por sus suegros el día de la cena de Acción de gracias. Suficiente para no volver. Tony había estudiado comunicación, por eso el trabajo como mesero, si bien le daba para los gastos, no era lo que quería hacer. Por esta razón, comenzó a hacer anuncios radiales a empresas que querían pautar en las emisoras hispanas. "Como estaban acostumbradas a que eso de la producción de la cuña se la hacían gratis en la misma emisora, no encontraban lógico tener que pagar. Me tocó hacer un trabajo de educación, enseñarles la diferencia de calidad. Al principio hacía las cuñas gratis y les decía que si se les gustaba, y se quedaban con ella, les cobraba y si no, no. Es decir, sin compromiso". Así se abrió camino.

Luego empezó a producir cuñas para televisión. La mayoría de sus clientes eran abogados de inmigración que querían promocionarse en los, hasta entonces, limitados espacios de televisión hispana en Georgia. "¡Y yo era el único que sabía hacer comerciales de tv de cierta calidad, hacía todo, la pre producción, la grabación, la edición, todo! Y como no había actores, yo mismo me disfrazaba de diferentes personajes, según el guión del comercial. Esa exposición me hizo involucrarme mucho con los eventos de la comunidad hispana, así que cuando hicieron el primer festival hispano de Georgia, yo estaba ahí metido, con tan mala suerte, o tan buena, que el maestro de ceremonias no llegó, y Elvis Crespo, que era el talento que se iba a presentar, se negó a empezar su show hasta que le pagaran un porcentaje del dinero que le habían prometido. Como eso se demoró tanto, a mí me tocó pararme en la tarima, frente a toda esa gente, a entretenerla hasta que se solucionaran las cosas. Me fue tan bien que ya llevo diez años haciendo lo mismo". Así fue como Tony cayó en la cuenta de que se necesitaba talento latino, y de que si bien lo había, hacía falta prepararlo. Hoy en día tiene su agencia Talento Latino, donde enseña modelaje, fotografía y actuación. Ahí llega todos los días vestido a la última moda, en su moto Harley, feliz de haber logrado vivir de lo que estudió, en un país que ama incluso más que al suyo. Sin embargo, se siente frustrado porque en cualquier momento perderá todo.

"Cuando llegué no pensé en legalizarme porque en esa época no había persecución contra los inmigrantes y se pensaba que en algún momento cercano habría una reforma inmigratoria. Pero, cuando las cosas se empezaron a poner feas, me fui a México porque me dijeron que había alguien que trabajaba en el consulado de Estados Unidos en mi país, que por tres mil dólares podía sacarme los papeles... Obviamente, perdí la plata, me estafaron. Como ya no me quería quedar en México, me sacaba de onda la falta de cultura de la gente y el desorden, la corrupción que es culpa del mismo pueblo que no sabe elegir y necesitan que los políticos y la Virgen María les estén diciendo qué deben hacer. Me pasé la frontera por Nuevo Laredo, de mojado, me cobraron trescientos dólares. A tres de los que iban conmigo les dieron flotador, todos teníamos que pasar completamente desnudos, y meter la ropa en unas bolsas plásticas para que no se mojara y nos pudiéramos vestir al estar del otro lado. Pero luego me devolví a México porque quería aplicar a una visa en la embajada estadounidense para poder estar legal. Pensé que los podía engañar, pero resulta que ellos ya sabían de mi situación. A lo mejor se dieron cuenta de que yo me quedé más tiempo del que permitía mi visa de turista por una multa de tránsito que me pusieron. Total, me negaron la visa. Y yo tenía clientes en Estados Unidos esperando a que les entregara trabajos. Además, no sabes el coraje que da estar ahí en la frontera y mirar para ambos lados y ver la diferencia, a un lado está todo lo que tú quieres, y al otro lado, el tuyo, todo lo que no quieres, lo que no te deja ser lo que quieres ser, es *overwhelming*...

Regresé a Nuevo Laredo, donde un taxista me presentó a un señor que tenía las llamadas "micas", es decir, las visas que le dan a los ciudadanos que viven en la frontera. Le pagué mil quinientos dólares. Me pareció increíble cómo modificaron la foto del dueño original del documento, era mi cara pero con los ojos, nariz y boca de él".

Así, con otro nombre y documentos falsos coronó su ingreso. Dice que cuando volvió a poner un pie en Atlanta se sintió como en casa, que entendió que nada se le había perdido en México, y fue tanto el drama humano que vio en la frontera que se sintió llamado a trabajar con la comunidad hispana para cambiar la imagen de ese grupo. "Yo les hablo en los eventos y en los programas de radio, les digo que respeten las normas de tránsito, que se vistan bien, que se corten el pelo, que sean ordenados, que no se traigan los vicios de México".

Después de haber entrado dos veces ilegalmente pensó que no le quedaba sino la opción que mucha gente toma, casarse por papeles, algo que él no quería hacer, ni volverse a casar luego de que su primera esposa lo hubiera dejado por otro, después de que se la trajo a Estados Unidos, y mucho menos hacerlo sin amor. Por eso dejó que el tiempo pasara, decidió jugarse su suerte. Para 2009 conoció a Violeta, una cubana con la que se casó solo cuando ambos vieron que la relación funcionaba. Ya casados se sintió cerca de la anhelada legalidad. Pero el día que fueron a la entrevista para comprobar que su matrimonio no era fraudulento, una noticia los tomó totalmente por sorpresa. Tony no solo no podía legalizarse a pesar de haberse casado con una ciudadana estadounidense, sino que sería llevado a la cárcel y deportado. Las autoridades de inmigración tenían en su archivo que Tony había solicitado una visa en la embajada estadounidense en México que le había sido negada y, por eso, supieron que había entrado ilegalmente al país. Pero Tony y su esposa ignoraban que cuando alguien ha entrado a Estados Unidos ilegalmente no puede legalizarse por la vía del matrimonio, a menos que se regrese a su país y espere que el proceso, que en esos casos puede tomarse unos diez años, termine.

Tras los abrazos y lágrimas con su esposa, Tony se montó en el auto que lo llevaba a la prisión. Todo el tiempo le habló al oficial de que él había sido un buen ciudadano, que había respetado la ley, que amaba a Estados Unidos, etc. En los dos días que estuvo en la cárcel le alcanzaron a poner un apodo, "El Armani", porque iba muy bien vestido y tenía buenos modales. Cuando lo llamaron para que se volviera a montar al auto, pensó que ya lo iban a deportar, con nostalgia veía por las ventanas las calles de la ciudad que pensó que nunca iba a volver a ver. Qué sorpresa cuando lo dejaron bajarse y le dieron solo una citación para que se presentara ante el juez cinco meses después. Cuando lo entrevistaron en una estación radial sobre lo que vivió, dijo que no tenía idea de por qué no lo habían deportado, pero que intuía que era porque estaba bien peinado y bien vestido. La citación ha sido aplazada dos veces y Tony aún sigue en Atlanta dedicado a sus veinticinco alumnos en Talento Latino. Sin embargo, al terminar esta conversación me dice con notable tristeza: "Creo que me voy a tener que ir, amiga".

Diferencias culturales

Acercamiento allá, acoso sexual acá

El video de la cámara de seguridad muestra un minuto de grabación de una conversación entre un hombre y una jovencita. El hombre se acerca, le habla, la joven hace algo que parece como un ejercicio, el hombre se acerca más, le toma la pierna por unos segundos, más arriba del tobillo, intercambian un par de frases más, el sujeto se va. El hombre se llama Israel, es profesor, vive en Greensboro, Carolina del Norte y da clases de español en un colegio público, es peruano. La joven es una estudiante estadounidense que esperaba que llegaran sus padres a recogerla a la salida de su escuela cuando el desconocido se le acercó y le pidió que hiciera un ejercicio de balance, con el argumento de que su hija, estudiante de gimnasia, tenía un problema para hacer ese ejercicio. Israel estuvo cuatro meses en la cárcel acusado de *indecent liberties with a minor* (acercamiento indecente a una menor de edad) y ahora está de vuelta en su país natal. Con la joven no pasó nada que cambiara su vida, pero sus padres, quienes levantaron cargos contra Israel, han escrito esta carta:

Rocio Sotelo / Hector Gomez

602 Ashland Drive
Greensboro, NC 27403
(336) 299-5994

December 18, 2010

Maury A. Hubbard
Assistant District Attorney
PO Box 10769
Greensboro, NC 27404-0769

Andrew Carter Clifford
Clifford Clendenin & O'Hale, LLP
415 W. Friendly Avenue
Greensboro, NC 27401

RE: Case Number 10CR 090580; Israel Martin Diaz Suarez, Defendant

Dear Mr. Hubbard and Mr. Clifford:

Thank you for arranging to meet with my daughter and me to discuss the Diaz case. Our family has been anxious to relay the facts as we know them to add context to what happened.

When weighing the offense circumstances with the fact that our daughter has come out relatively unscathed against more serious acts that justify a Class F Felony under statute § 14 202.1(a)(1), we don't see a Felony conviction is required. Mr. Diaz clearly has a strong support system as noted in the letters provided by Mr. Clifford and posts on the "Justicefor IsraelMartin DiazSuarez" Facebook page (http://www.facebook.com/people/Justicefor-IsraelMartin-DiazSuarez/100001692397097). This helps "fill in the blanks" about this man in ways that we would not expect from the loner or drifter we originally suspected of committing this crime.

We must point out, however, that our family has been victimized by Mr. Diaz's actions. Online news articles about his arrest were followed by numerous posts that the victim must have had lied, the parents were negligent, and other inaccurate remarks. It was horrifying to see such comments targeted at us even though our names weren't mentioned. When we learned Mr. Diaz was a teacher and had a wife and daughter, we agonized about the impact on his family. We went between feeling we had a duty to press charges to wishing we could take it all back. This caused lost sleep, distractions from work, and other intangible losses.

My daughter's school chose to make an example of us as well. The principal does not like us because we fought so hard last year to get our daughter moved up to the proper academic level. Having a crime statistic added to his school's record must have infuriated him. The day after Mr. Diaz' arrest, the principal sent a copy of the school handbook's dress code home with students to be signed by parents. Failure to return the form would ban the student from extra-curricular activities (such as theatre, which is why my daughter is at Lincoln). The top item was about skirt

Hablo con Israel Díaz por teléfono. Desde que regresó al Perú no ha podido encontrar trabajo. Ha pasado las pruebas académicas en siete escuelas, pero no las personales. Su nombre aparece en internet, asociado con abuso de menores. Reconoce que hizo algo que no debió hacer, pero asegura que su única intención era ayudar a su hija. Explica que la joven con quien conversó por un minuto y a quien tocó su tobillo por unos segundos le recordó, por la forma en la que estaba sentada sobre un muro, los problemas de balance de su hija, por los cuales tendría que retirarse de su clase de gimnasia. La tarde en que eso pasó, Israel llevaba cuatro años viviendo en Estados Unidos con Rocío, su esposa y su hija, Sol. Hasta el momento nada lo había hecho reflexionar acerca de las diferencias culturales entre el país que lo acogía y el país en el que nació. Asegura que si bien sabe que lo que hizo no es algo fácil de justificar, en su país de origen el roce y toque entre seres humanos es aceptado sin mayor perspicacia.

Rocío me dice que aunque la situación los fortaleció inicialmente, en el largo plazo debilitó la relación de pareja, que se acabó un año después de regresar al Perú. Recuerda que el mundo se le derrumbó en un instante. Estaban en este país con la visa de trabajo de su esposo, que también le permitía trabajar a ella. Pero el instituto tramitador del empleo, ante la situación, rompió el contrato de trabajo y, por ende, las visas caducaron. Sin trabajo, con su marido en la cárcel, sin saber conducir ni hablar inglés, y con una batalla legal por dar, Rocío decidió mandar a su hija de vuelta al Perú, a que estuviera con sus abuelos mientras sus padres vivían un capítulo de horror en el que jamás imaginaron estar. La ausencia de la niña, aunque larga y difícil, fue un alivio para Israel, quien no quería que su hija se empeñara en visitarlo en la cárcel y lo viera encadenado, con esposas en manos, cintura, y pies y, además, con uniforme rojo, el traje de los presos considerados de mayor peligro.

Los policías llegaron cuando Israel estaba saludando a sus alumnos a primera hora de la mañana. Frente a ellos lo detuvieron y lo llevaron ante la jefa de personal del condado, quien le pidió que renunciara y que buscara un abogado que le ayudara a demostrar su inocencia. El abogado al que acudió lo dejó frío con la recomendación que le dio: declararse culpable para que lo deportaran en una semana o, a lo sumo, en un mes. Así evitaría ir a un juicio por el que, probablemente, quedaría para siempre en el registro de abusadores de menores. Reacios a semejante propuesta, Israel y Rocío decidieron dar la batalla. Rocío entregó el apartamento en el que vivían y se fue a vivir donde amigos hispanos quienes la apoyaron en la cruzada que emprendió para defender la honorabilidad de su esposo. Abrió una cuenta bancaria y una página en Facebook a la que llamó *Justice for Israel*, que le sirvió tanto para recolectar fondos para pagar los gastos de defensa legal, como para reparar la moral de su marido, gravemente golpeada por las informaciones publicadas en los medios de comunicación locales. Recibió gran respaldo por parte de la comunidad latina, pero también tomó como ejemplo a la comunidad afroamericana. Ese grupo, acostumbrado a batallar contra abusos por racismo, sabe organizarse, ser solidario, y reclamar sus derechos. Su primera batalla fue convencer al propio abogado de que valía la pena pelear el caso. En palabras de Rocío, el abogado sentía que, por ser hispanos, el juez no se molestaría en estudiar el asunto. Además, teniendo en cuenta que el jurado escogido sería estadounidense, el veredicto era previsible: culpable. Ella insistía: "Somos gente preparada que no hemos venido a este país por necesidad económica sino por desarrollo profesional". Al final transaron o, como ella dice, "el abogado entendió que no nos pueden condenar por nuestra cultura". Pelearían, pero ajustándose a la realidad del sistema legal. Así lograron que le cambiaran los cargos, ya no defenderían a Israel de una *felony* (crimen) sino de un *misdemeanur* (ofensa).

A través de la página *Justice for Israel*, los padres de la muchacha vieron el despliegue de solidaridad a favor del hombre al que estaban acusando. Por eso empezaron a pedir benevolencia para él, pero se negaban a retirar los cargos, con el argumento de que su hija quedaría como una mentirosa y que minarían la confianza de la chica en el sistema de justicia de su país. Además, si retiraban los cargos, se exponían a ser demandados por Israel y a tener que pagarle una indemnización, lo que, según dijeron a los abogados, no estaban dispuestos a hacer.

Entretanto, en la cárcel Israel fue testigo de la discriminación. "A los negros y a los hispanos les dan la peor comida. No les dan o les acortan el tiempo de la hora de descanso fuera de la celda. Me ponían muy apretada la grilla en los tobillos, a los blancos no. Yo protesté y me dejaron solo en una celda donde no había calefacción. Comencé a gritar para llamar a un guardia que me ayudara, pero llegó cuando quiso... dos horas después".

A Rocío se le quiebra la voz cuando relata lo que vivió en esos meses. Nunca había soñado con vivir en Estados Unidos, lo hizo por apoyar a su esposo y, por seguir apoyándolo, a la fuerza estaba aprendiendo de una cultura que le era ajena, a pesar de llevar cuatro años en ella. "¡Cómo es que un país acoge a personas tan distintas, con códigos culturales diferentes y no valora esa diversidad!", era una de las reflexiones que se hacía.

Soportó el asedio de los medios y algo que todavía no ha superado, el hecho de que la foto de su marido, fichado y vestido como un reo, fuera filtrada a los periodistas y apareciera en los noticieros de televisión. Hubo días en que recibió pedidos de disculpas de ciudadanos estadounidenses, frases que la han marcado. "No hemos aprendido a vivir valorando las diferencias", le decían unos, mientras otros, como las directivas del club YMCA, en donde su hija pasaba las tardes después de clases, también la marcaron. Mientras Sol asistió a YMCA vivió tres incidentes de agresión por parte de un niño, compañero del programa *after school*. Israel y Rocío, que se rehusaron a demandar a la institución por no ofrecer cuidados idóneos a su hija a pesar de los consejos legales que recibieron, optaron por arreglar todo a través del diálogo, pidieron que se tomaran medidas internas para corregir esa situación y evitar que recrudeciera. La institución así lo hizo. Para Rocío, una carta de YMCA que diera fe de la calidad humana de su familia y de la preocupación de ellos como padres por lo sucedido a su hija hubiera fortalecido el paquete de pruebas que ella estaba preparando para demostrar la honorabilidad y buenos antecedentes de su esposo. Sin embargo, YMCA se negó a darle la carta.

En el camino de esa cordillera de emociones provocada por un sinfín de aceptaciones y rechazos, Rocío cuestionaba a Israel. "¿Por qué hiciste eso? ¡Por qué!". Lo recriminaba durante algunas de las visitas que podía hacer cada lunes, cuando lo veía a través de un vidrio y oía su voz por un teléfono. Y también lo comprendía al recordar su propia experiencia, cuando en uno de sus trabajos en un jardín infantil le llamaron la atención porque le cambiaba y lavaba la ropa a los niños que se hacían popó en los pantalones. La orden era clara, no podía abrazar a los estudiantes, aunque ellos llegaran de brazos abiertos y caras sonrientes hacia ella. No podía tocarlos, mucho menos ver sus partes íntimas. Lo entendió definitivamente el día que no pudo hacer nada por una niña que tenía un ataque de epilepsia, nadie hizo nada, solo llamar a la ambulancia. ¡Qué diferente era en su país!

El día del juicio Israel fue condenado a sesenta días de cárcel, pero, para esa fecha, ya llevaba noventa recluido. Salió y, por supuesto, no recibió indemnización alguna por los treinta días adicionales que vivió como un preso. A la salida de la prisión se formó una fiesta latina. Las familias que habían acompañado a Rocío en su cruzada para defender el buen nombre de su esposo, celebraron el caso como si les tocara personalmente. El mismo Israel se sorprendió porque no era consciente de toda la movilización que Rocío había logrado. El abogado que llevó el caso, aquel que en un principio le había aconsejado declararse culpable, dijo jamás haber visto tanta unión y confianza entre personas, ni siquiera entre gente de la misma familia. Cuando Israel y Rocío estaban en el aeropuerto de Atlanta listos para abordar el avión con el que cerrarían la página de la pesadilla, buscaban desesperadamente a un agente de migración que les sellara el pasaporte, para certificar su salida, un procedimiento que no es usual, pero que ellos pedían con la intención de no tener problemas si es que decidían volver.

¿Volver? Les pregunto con sorpresa a los dos, ¿volver después de lo que les pasó? "Sí, dice ella, regresaría siempre y cuando podamos estar los tres juntos, lo haría por mi hija, por mi esposo, sabría que hay que estar alerta". "Sí, dice él, ya sé que hay que ser cauto, la diferencia cultural es muy grande, pero con mi carrera, en mi país, no gano bien".

Fue lo mejor que me pudo pasar para darme cuenta de que vivimos mejor aquí

Siria estaba cansada. Como cualquier persona que hace una mudanza, se sentía abrumada por la cantidad de trabajo. Empacar, seleccionar, cargar, transportar, desempacar, organizar. Pero estaba feliz porque en la nueva casa tendría un cuarto para cada uno de sus hijos. Ya eran cuatro y la casa en la que habían vivido se les había quedado pequeña, tenía solo tres alcobas. En la nueva estarían a sus anchas. El primer viaje con el camión del trasteo lo hizo con los muebles de alcoba de los niños, eran su prioridad, quería que, desde el primer día, se sintieran cómodos en la nueva vivienda. Además, quería darle una sorpresa a su hija mayor. La niña, la única que ya estaba en edad de asistir a la escuela, no sabía que no tendría que seguir compartiendo cuarto, y Siria quería tenérselo listo para cuando la niña llegara de estudiar. Sabiendo que quizá no alcanzaría a llegar a tiempo, Siria le pidió a una vecina que cuidara a la niña hasta que ella regresara por el resto de la mudanza.

Cuando Siria regresó, el día que prometía ser uno de los más felices de su vida se convirtió en el comienzo de una pesadilla. El cansancio que traía por la mudanza se transformó en terror. Un policía conversaba con la vecina, decía que se llevaría a la niña por maltrato infantil.

—¿Por qué está sola la niña? —Preguntó el agente.

—Agente, es que me estoy mudando, mi vecina la estaba cuidando.

—¿Por qué está así la casa, sin muebles y esa basura ahí afuera?

—Señor agente, ya le dije, me estoy mudando y no he terminado. Y la basura es lo que no me quiero llevar para la nueva casa, pero no sé qué pasó con el camión que no ha pasado a recogerla.

—Usted dejó sola a su hija, no la recogió cuando llegó del colegio.

—Le pedí a mi vecina que la cuidara y ella estuvo pendiente.

—Pero yo ya entré a su casa y vi que está sucia, hay platos sin lavar, comida en la nevera, y un cable de televisor suelto que hubiera podido electrocutar a la niña. No creo que usted se esté mudando. A ver ¿dónde están sus demás niños?

—Los tienen unos amigos que me están ayudando con la mudanza. Si quiere vamos a la nueva casa y verá, le muestro el contrato de arrendamiento.

—No, dígales a sus amigos que traigan a los niños.

Siria llamó a sus amigos que se habían ido con los otros tres niños a comer. Cuando llegaron, el agente decidió que se los llevaría a todos por la misma razón: maltrato infantil.

—¿Y su esposo?

—Está trabajando.

—Llámelo y dígale que tiene quince minutos para estar acá.

—Señor policía, mi esposo ya viene en camino, pero está lejos, no va a alcanzar a llegar en quince minutos.

—Ese no es mi problema, ¿es que no le interesan sus hijos, o qué?

Cuando llegó Francisco, el esposo de Siria, las cosas empeoraron aún más. El policía, que para entonces había llamado a otro de sus colegas, decidió que Siria y Francisco quedarían detenidos hasta la fecha de la audiencia. Esposados frente a sus hijos los metieron en la patrulla y vieron cómo las autoridades de defensa de la niñez se llevaron a los cuatro niños para dárselos temporalmente a una familia sustita. Antes entraron a la casa a sacarles ropa y compotas para la bebé, aunque al tiempo usaban como argumento para justificar su atropello que la nevera estaba llena de comida descompuesta.

A cada uno lo llevaron a una cárcel distinta. Al cabo de cinco días los trasladaron a diferentes prisiones estatales de inmigración. Ambos recibieron abogados de oficio, que solo se encargaron de su situación migratoria, mas no del proceso con los niños. Tenían que asistir a la corte por el proceso de supuesto maltrato, pero las autoridades migratorias no lo permitieron, ni siquiera recibieron información sobre lo que había sucedido en esa audiencia. Angustiada por la suerte de sus hijos, Siria llamó a una hermana que vivía en Oklahoma, ciudadana estadounidense, para que viajara a Georgia a pedir que le entregaran los niños a ella, por ser el familiar más cercano. No se los entregaron, le dijeron que no podían dárselos a alguien que viviera fuera del estado original de los menores. La trabajadora social a cargo del caso sugirió entonces que el empleador de Francisco, quien de casualidad llevaba como segundo apellido el mismo apellido de soltera de Siria, inventara que era tío de los niños para que se los entregaran a él.

Ante la desesperación por lo ocurrido, aceptaron la sugerencia, pero luego le dijeron que solo se los entregarían si los tomaba en adopción. Aun a sabiendas de que no eran sus sobrinos, esta funcionaria de gobierno estaba dispuesta a dárselos, con lo que quedó en evidencia que no tenía recato en quitarles los niños a unos padres que aún no tenían la oportunidad de pelear por ellos. Incluso, la funcionaria le explicó al supuesto tío que tomar niños en adopción es muy conveniente desde el punto de vista financiero, porque el gobierno le da dinero a la familia adoptiva para la manutención de los niños, que siempre resulta ser más de lo necesario. El "tío", que solo tenía intenciones de facilitar la entrega de los niños a sus verdaderos padres, quedó perplejo ante la sugerencia. Se preguntaba qué motivaba a la trabajadora social a obrar así, y la lectura del expediente solo aumentaba sus preguntas. Ella y la familia sustituta habían escrito en el documento que los niños tenían picaduras de animales como consecuencia del desaseo en que vivían y que algunas parecían quemaduras con colillas de cigarrillo. A Siria aún le tiembla la voz de rabia cuando cuenta esta parte de la historia.

Impotente ante la situación, Siria le pidió ayuda en la prisión a uno de los "deportadores", el único que hablaba español. Dice que aunque en un principio la trató despectivamente, cuando ella lo convenció de que chequeara su expediente le dijo una frase que no olvidará: "Lo que están cometiendo contigo es un acto de racismo". El agente inmigratorio supo que ni a Siria ni a su esposo les habían permitido asistir a la cita de la corte por el caso de supuesto maltrato, y que el día de dicha audiencia los hijos mayores, un niño de cinco años y una niña de siete, habían desmentido ante el juez a los policías que hicieron la detención de toda la familia. El expediente agregaba que el pequeño de cinco años había dicho que lo único que quería era que no fueran a matar a sus papás. El juez no tuvo duda, desestimó el caso y pidió que los niños fueran regresados con sus padres, pero la trabajadora social no se había tomado el trabajo de hacer cumplir la orden del juez. Entonces, el deportador tomó la decisión de solicitar la libertad condicional de Siria para que pudiera luchar por sus hijos en libertad. La dejaron salir de la cárcel con un grillete en el tobillo, con localizador satelital. Cuando se encontró con su marido, quien estaba en otra prisión, se dio cuenta de que lo habían hecho firmar los papeles de deportación y que saldría de regreso a México en menos de tres días. A Siria le tocaría dar la batalla por sus hijos en completa soledad. La trabajadora social, aun consciente de la orden del juez, le impuso más condiciones para devolverle a los niños. Tenía que asistir a una escuela de padres, tener una casa, dos personas que cuidaran de los niños cuando ella estuviera trabajando, y mostrar comprobantes de pago de su trabajo. Siria nunca había trabajado en Estados Unidos. Desde que llegó, recién casada con Francisco, se había dedicado a tener hijos y a cuidarlos, no tenía número de seguro social que le permitiera trabajar legalmente, así que cumplir con el requisito que le imponía la funcionaria era imposible. Además, estaba contra el tiempo, su libertad condicional estipulaba que debía presentarse a una corte en la que un juez le daría un plazo para acogerse a una deportación voluntaria. Si esa fecha llegaba sin que ella hubiera cumplido los estrictos requisitos, podría perder a sus hijos para siempre.

El dueño de la casa que Siria nunca pudo habitar, pero en la que se había quedado la mitad de su mudanza, se apiadó de su situación y le permitió vivir allí. Ella consiguió trabajo limpiando casas y, con esos dos requisitos cumplidos, la funcionaria le permitió tener a los niños los fines de semana. En el primer fin de semana que Siria pudo tener a sus hijos después de cuatro meses, los niños le rogaron que no los volviera a dejar con la familia sustituta. Su niño de cinco años le dijo que el hombre de esa casa lo castigaba si usaba el baño de la parte de arriba de la vivienda. La niña mayor le aseguró que había días en que no les daban de comer en las noches, que no les permitían acercársele a su hermanita menor, y que cuando hablaban en español los castigaban encerrándolos en el garaje de la casa, que era muy frío porque esa área no tiene calefacción. Siria grabó el testimonio de los niños y se lo enseñó a la trabajadora social. Hoy en día da gracias de haber hecho eso, porque fue su defensa cuando, tras el segundo fin de semana con sus hijos, la madre sustituta reportó que la bebé llegó maltratada, pues tenía un labio inflamado. Siria explicó que la niña se resbaló en la bañera. No obstante, la trabajadora social le dijo que esa sería una causal para abrirle un proceso y quitarle a los niños definitivamente. Siria cree que la funcionaria se abstuvo de cumplir su amenaza para evitar que ella revelara la grabación ante un juez.

Consciente de que la funcionaria y la madre sustituta estaban al acecho de cualquier detalle con el que pudieran evitar devolverle a los niños, Siria solicita suspender las visitas de fin de semana hasta que finalice el proceso y pueda irse con sus hijos a México. Ayudada por el patrón de su marido y supuesto tío de los niños, acude a la abogada de oficio que llevó el caso de supuesto maltrato infantil ante el juez que falló a favor de ella y de su esposo. La mujer se queda sorprendida de que la orden del juez de devolver a los niños no haya sido cumplida a pesar de que han pasado varios meses y asegura que la trabajadora social no tiene por qué pedir más requisitos. Ese fue el comienzo del fin de la zozobra de Siria. La funcionaria de la entidad de protección de menores se ve obligada a ceder, el consulado mexicano facilita la expedición de pasaportes a los cuatro menores de edad y pone el dinero para comprar los tiquetes de los niños y la madre a México.

Ya en México, Siria reflexiona sobre lo que vivieron. Dice que cuando todo ocurrió, ella ya estaba haciendo planes para regresar a su país con sus hijos. Pensaba que estaban corriendo muchos riesgos por la persecución contra los inmigrantes indocumentados. Habían decidido que Francisco se quedaría a trabajar para seguir mandando dinero, pero ahora, por lo sucedido, están todos en México. Al respecto, ella dice: "fue lo mejor que me pudo pasar, para darme cuenta de que vivimos mejor aquí".

Asegura que ahora le inculca más a sus hijos que estudien para que no tengan que batallar como les ha tocado a sus padres. Sin embargo, no se arrepiente de haberse ido a vivir a Estados Unidos porque, al fin y al cabo, sus hijos nacieron allá y, cuando estén grandes, si quieren irse a vivir a ese país, no les va a tocar sufrir como a ella y a Francisco. También me cuenta que los niños, sobre todo el segundo que aún se levanta llorando por las noches, dice que cuando sean grandes le van a sacar los papeles de Estados Unidos a sus padres para que puedan volver a ese país sin tenerle miedo a la policía. Ella dice que sí volvería, pero con documentos, y solo por acompañar a sus hijos. A otros jóvenes como ellos les recomienda lo siguiente: "Si deciden cruzar la frontera, trabajen duro y no se llenen de familia, porque aunque la vida en Estados Unidos es bonita, cuando uno tiene hijos no se puede ahorrar, y los puedes perder cuando menos piensas".

TERCERA PARTE
Leer antes de empacar

¿Qué hace Latinoamérica?

Las oleadas migratorias, con los éxodos y retornos de connacionales, han llevado a que en la última década los países adopten políticas, en unos casos para prevenir la fuga de cerebros, y en otros para aprovechar el capital humano de quienes regresan. También para estudiar los fenómenos, para entenderlos o para usar los resultados como argumentos que sustenten la adopción de políticas de inversión y desarrollo en las comunidades donde se concentran los potenciales migrantes.

Robert Paiva, representante para México y Centroamérica de la OIM cuestiona la eficacia de las oficinas estatales creadas para apoyar a los migrantes que regresan, y asegura que los recursos de cooperación internacional se quedan cortos para financiar los planes de reingreso de estas personas. Destaca también que los gobiernos fallan al no transformar el producto de la cosecha en otras cosas para evitar que los empleos sean estacionales, lo que ocasiona que la gente deba emigrar a buscar empleo en otras partes el resto del año. Llama la atención, además, con la siguiente pregunta: ¿Cuántos empleos han creado los TLC en Centro América contra los empleos con los que ha acabado? Y dice que falta mano de obra calificada para trabajar en las economías modernas en las que se quieren convertir estos países.

Al margen de las críticas, este es el cuadro preparado por la Organización Internacional para las Migraciones, que recopiló recientemente los datos de lo que están haciendo los gobierno para mejorar su política migratoria.

Programas y Proyectos de vinculación instrumentados en los países sudamericanos

País	Programas / Proyectos	Objetivo/s
Argentina	Programa RAÍCES (2004)	Fomentar vínculos entre investigadores del país y nacionales radicados en el exterior.
	Provincia 25 (2007)	Alentar la participación política en el país de origen de los nacionales residentes en el exterior.
	Encuentro de Cooperación Diáspora Argentina (ECODAR)	Aprovechar el capital humano que se encuentra fuera del país para acelerar el desarrollo de la Argentina. Se trata de transformar la fuga de cerebros en una Red de Talentos que trabajen juntos para el país.
Bolivia	Acuerdo Nacional por el Boliviano en el Exterior (2008)	Fortalecer el mecanismo de Coordinación Interinstitucional para las Migraciones, con el fin de que las instituciones y representantes de la sociedad civil coordinen aspectos relativos a las políticas de atención y apoyo a ciudadanos bolivianos que residen en el exterior.
Brasil	Consejo de representantes de brasileños en el exterior (CRBE) (2010)	Establecer un canal de comunicación entre el gobierno brasileño y la diáspora (sus representantes son electos por los brasileños en el exterior).
	Brasileiros no Mundo Ministerio de Relaciones Exteriores (2011)	Ampliar el diálogo entre el Ministerio de Relaciones Exteriores y las comunidades brasileñas en el exterior. Brindar información sobre asociaciones y organizaciones de brasileños en el exterior, links a prensa dirigida a ellos y referencias bibliográficas y audiovisuales sobre las comunidades. http://www.brasileirosnomundo.mre.gov.br/pt-br
	Portal Consular Ministerio de Relaciones Exteriores Brasil	Brindar información sobre apoyo en el exterior, políticas migratorias, legislación y guía del brasileño http://www.portalconsular.mre.gov.br/

País	Programas / Proyectos	Objetivo/s
Brasil	Casa do Brasil (1990)	Difundir la cultura y lengua brasileña a través de cursos de idiomas, ciclos de cine, exposiciones y conciertos de brasileños, para promover la cultura brasileña en los diversos países y servir a emigrantes como lugar para conservar sus raíces.
	Conferência Brasileiros no Mundo (años2008/9/10)	Establecer las demandas de los brasileños residentes en el exterior y marcar los caminos de una nueva etapa en la relación del gobierno con la diáspora. http://www.brasileirosnomundo.itamaraty.gov.br/
Chile	Gobierno en terreno: Chile sigue contigo (2005)	Organizar visitas anuales en terreno, con el fin de procurar acercar a la comunidad chilena residente en un determinado país a los beneficios que tienen todos los ciudadanos en el país de origen.
	Programa Revisitando Chile: Identidad e historia **Dicoex** junto al **Servicio Nacional de Turismo** (Sernatur) (2010)	Organizar cada año el programa **"Revisitando Chile: Identidad e Historia"**, dirigido a los adultos mayores chilenos que residen en el exterior, específicamente en países fronterizos. El **objetivo** de esta actividad es fomentar, fortalecer y apoyar una política cultural que refuerce la identidad nacional, con el fin de facilitar el reencuentro con sus familias, costumbres y raíces, proporcionar una instancia de esparcimiento, camaradería y goce en esta etapa de su vida, posibilitar la oportunidad de realizar consultas previsionales, sobre documentación, turismo, etc. a personal informado en estos temas.
	Chile Somos Todos Dirección para la Comunidad de Chilenos en el Exterior (DICOEX)	Portar de Internet con el fin de informar sobre los distintos programas de acción, información consular, noticias, documentos sobre migración y directorio de asociaciones chilenas en el exterior. Formular, coordinar y desarrollar las políticas públicas para la vinculación y el desarrollo de los chilenos que residen fuera del país, a través de la promoción de los derechos humanos y ciudadanos; la preservación de la identidad cultural; la inclusión en el quehacer y desarrollo nacional y el fortalecimiento de la asociatividad de los chilenos residentes en el exterior. http://www.chilesomostodos.gov.cl/

País	Programas / Proyectos	Objetivo/s
Colombia	Programa Colombia Nos Une. Ministerio de Relaciones Exteriores (2004)	Fortalecer los vínculos con los emigrantes colombianos, así como favorecer sus aportes al desarrollo nacional mediante la creación de redes sociales, el fomento de su inversión en Colombia, la creación de convenios de seguridad social con los países donde residen y la necesidad de brindar servicios sociales en los consulados. Adicionalmente, se reconoce la importancia de gestionar con los países de destino acuerdos en materia de visados, estancias temporales y permisos laborales, así como la generación de condiciones internas que desestimulen la migración y faciliten el retorno. Posee un portal dirigido a los colombianos en el exterior, en donde se informa la agenda sobre eventos, noticias, documentos y asuntos consulares. http://www.minrelext.gov.co/wps/portal/colnosune
Ecuador	Plan "Bienvenid@s a Casa" (2008)	Promover la acogida voluntaria de todos los migrantes ecuatorianos con más de un año de permanencia en el exterior que deseen y decidan regresar al Ecuador. La propuesta del Plan contempla modalidades: - Retorno Político y Cultural: valoración y vinculación del ser y sentirse ecuatoriano desde el lugar de destino. - Retorno Económico: mediante inversiones e iniciativas empresariales en país de origen y destino. - Retorno Físico: permanente o temporal.
	Programa "Vínculos" (2008)	Busca consolidar y mejorar los espacios y mecanismos de participación y comunicación de las personas emigradas para con su familia, con su comunidad, con sus organizaciones y con su país.
	Banco del Migrante (2010)	Impulsar las políticas migratorias en materia financiera y de inversión y brindar servicios bancarios de fácil acceso para los migrantes como: transferencia de remesas desde el exterior a bajo costo; acceso a una historia financiero-crediticia válida dentro de las fronteras nacionales; apoyo financiero a los sectores sociales de alta migración, a través de líneas de crédito de destino específico a ser canalizadas mediante redes financieras de microcrédito productivo (banca de segundo piso); seguros de salud para los migrantes y sus familias.

País	Programas / Proyectos	Objetivo/s
Ecuador	Bolsa de Empleo	Informar a los migrantes acerca de la demanda de empleo e iniciativas empresariales en el país.
	Casas Ecuatorianas en el Exterior (2008)	Promover la integración y brindar servicios, complementarios a los que prestan los consulados, a los migrantes ecuatorianos.
	Programa para la Promoción de la Interculturalidad y la Construcción de la Ciudadanía Universal (2009)	Promover el intercambio social y cultural entre los países puestos en relación por la dinámica migratoria, y así ampliar el conocimiento mutuo y favorecer el avance hacia una verdadera interculturalidad.
	Senami Móvil (proyecto "Sensibilización y Dignificación del hecho migratorio") (2008)	Recuperar mitos, imaginarios y percepciones sobre el proceso migratorio para propiciar la toma de conciencia y crear condiciones que permitan la integración social de las personas migrantes y sus familias.
Paraguay	Plan de Atención Integral a Connacionales (2011)	Promover la regularización documental y otros servicios asistenciales, tales como orientaciones en materia de salud, empleo, capacitación laboral y educación. Crear y consolidar las organizaciones de paraguayos en el exterior.
	Programa Mi País, Mi Casa (2010)	Facilitar la atención preferencial a connacionales retornados y a residentes en el exterior que deseen acogerse a los programas de construcción de viviendas en el Paraguay.
Perú	El Quinto Suyo -Ministerio de Relaciones Exteriores (2005)	Brindar información sobre programas de vinculación acerca del acceso a programas de ahorro y crédito hipotecario y la adquisición de viviendas con remesas del exterior. http://www.quintosuyo.com
	Programa "Solidaridad con mi Pueblo" (2006)	Promover la coadyuva, por parte de los residentes en el exterior, a la realización de proyectos y obras de carácter social en beneficio de las propias colectividades.

País	Programas / Proyectos	Objetivo/s
Perú	Programa de Educación a Distancia y Vinculación Cultural -PEAD- Convenio Interinstitucional de Educación a Distancia entre la Cancillería del Perú y el Liceo Naval Almirante Guise (2006)	Salvaguardar el derecho del peruano emigrante de mantener su vínculo nacional, al desarrollar sus referentes culturales y, de ser el caso, continuar con su educación básica de acuerdo a la currícula peruana que le permita un cabal conocimiento de la realidad social, historia y geografía del Perú, para fomentar y desarrollar el vínculo de arraigo con el país. Los cursos son no-presenciales y a tarifas sociales.
Uruguay	Departamento 20 (2005)	Crear un sitio web que sea el punto de vinculación de los uruguayos y las uruguayas dentro y fuera del país. En este espacio se pretende también brindar apoyo a los Consejos Consultivos y a las diferentes iniciativas que emanen de estos para organizarse en red. http://www.d20.org.uy
	Consejos Consultivos de uruguayas y uruguayos en el exterior (2005)	Nuclear a toda la comunidad uruguaya que viva en el exterior y desee vincularse al país. Su conformación se elige democráticamente.
	Programa de Circulación de Uruguayos Altamente Calificados (C.U.A.C.) (2005)	Promover la vinculación activa y efectiva de los uruguayos y uruguayas altamente calificados que residen en el exterior con las instituciones del país. Las políticas de vinculación buscan establecer vías de interacción entre los calificados y el país de origen. Se trata de generar un programa de vinculación que aproveche la experiencia, los contactos y el conocimiento de los migrantes altamente calificados en favor del desarrollo y de la participación de los calificados en los emprendimientos nacionales.
	Programa de vinculación con científicos y tecnólogos uruguayos en el exterior Agencia Nacional de Investigación e Innovación (2001)	Financiar la llegada de científicos y tecnólogos uruguayos radicados en el exterior. Tiene por objetivo la participación de los profesionales en la realización de actividades de investigación y capacitación en nuevas técnicas en el ámbito productivo y empresarial nacional.

País	Programas / Proyectos	Objetivo/s
Venezuela	TALVEN (1995)	Establecer redes de contacto con los más de cuatrocientos becarios (especialización, maestría, doctorado y posdoctorado) nacionales en el exterior, con el fin de promover la difusión de sus proyectos de investigación. Otra de las iniciativas es el banco de proyectos denominado "Propuestas para Venezuela". Se trata de planes realizados por especialistas venezolanos en las más diversas áreas del conocimiento: Energía, Ambiente, Biotecnología, Educación, Arte, Biomedicina, Nanotecnología, Ingeniería, Informática, entre otras. Estas propuestas buscan generar cambios, gracias a soluciones concretas, a distintos problemas, intercambiando conocimientos, que pueden ser aprovechados por los diversos sectores de la academia e industria venezolana.

Fuente: OIM, 2012

Do's and don'ts

Por razones personales, para ayudar a amigos, para entrevistarlos para mis noticieros en CNN, y para hacer este libro, muchas veces conversé con abogados de inmigración y con líderes sociales de la comunidad hispana. De esas conversaciones saco la siguiente lista de lo que es más fácil decir en inglés: *do's and don'ts*, pero que en español no significa más que qué hacer y qué no hacer si se toma la decisión de migrar.

Agradezco al abogado Colombiano Carlos Olarte por su interés en apoyar este capítulo y por referenciarme varios de los casos que acá aparecen expuestos. También agradezco a los abogados Charles Taylor y Aaron Ortiz por su consejería acertada y conversación franca, a Adelina Nicholls, de la Alianza Latina de Georgia, por hablarme siempre desde el corazón de las víctimas de la migración irregular, a Marcelo Orozco del Diálogo Interamericano, a Jeffrey Tapia, presidente de la Asociación Latinoamericana de Atlanta y Jennifer Hamamoto y Cynthia Román, de la misma entidad; a Diego Beltrand, director para Las Américas de la Organización Internacional para las Migraciones, a Robert Paiva, de la misma organización para Centroamérica y México, a Francisco Agó, ministro de la Secretaría Nacional del Migrante en Ecuador.

Qué hacer

—Traer documentación certificada que acredite experiencia laboral y nivel de estudios.

—Informarse sobre acuerdos de convalidación de títulos profesionales entre el país de destino y el de origen.

—Hacer un plan a corto, mediano y largo plazo. Trazar opciones A, B, Y C, a aplicar en caso de que los planes no salgan como se espera o tan rápido como se espera.

—Viajar a explorar el terreno antes de tomar la decisión de migrar. Dónde podría vivir, cómo me voy a movilizar, dónde van a estudiar mis hijos, cuánto me va a costar, cómo voy a obtener ese dinero.

—Buscar asesoría contable para dejar en orden sus cuentas en el país de origen y tener conciencia de sus obligaciones de impuestos en el país de destino.

—Buscar formas alternativas de cubrir los gastos que deja pendientes y los nuevos que tendrá, mientras encuentra un empleo que le permita suplir estas obligaciones.

—Buscar una red de gente a quien contactar en el país de destino en caso de que se necesite orientación.

—Agotar las posibilidades de alcanzar sus sueños laborales y personales en su país de origen, tocar muchas puertas e intentarlo muchas veces antes de optar por la emigración.

En el país de destino también tendrá que trabajar mucho y no tendrá con quién desahogarse cuando lo necesite.

—Evaluar las ventajas y desventajas de dejar su país, su familia, su entorno, su trayectoria profesional, su red de amigos. Si encuentra que las desventajas son más que las ventajas, busque nuevas alternativas de lograr lo que busca dentro de su país de origen. No subestime las consecuencias emocionales y logísticas de pasar a prescindir del apoyo familiar y social, de cambiar de idioma, de clima y de entorno.

Las personas que emigran después de los cuarenta años sufren mucho el desarraigo y tienden a quedarse en el país al que inmigraron porque temen que, al regresar, no puedan retomar la vida laboral. Esto los lleva a vivir con mucha nostalgia. Otros, independientemente de la edad, por la soledad se embarcan en relaciones sentimentales que no los satisfacen o en las que deben someterse a hacer cosas que no quieren, solo por tener compañía o la posibilidad de casarse para obtener documentos de trabajo. Muchas personas se sienten o son discriminadas por su raza, origen o porque no hablan el idioma, otras se ven abocadas a no ver a sus hijos como quisieran porque tienen que trabajar mucho para cubrir los gastos. O ven a sus hijos crecer en una cultura que los absorbe de tal manera que, en algunos casos, empiezan a sentirse avergonzados de su cultura de origen. Entre los casos que cubrí para CNN, uno me causó mucho impacto: el de un joven que se suicidó porque ya iba a graduarse de la escuela y sabía que no podía entrar a estudiar porque, por su condición de indocumentado, no podía acceder a becas grandes, y se sentía avergonzado entre sus amigos que sí irían a la universidad.

Y, algo muy importante, una vez se migra, se será siempre un migrante, incluso regresando al país de origen.

La experiencia por fuera cambia comportamientos, maneras de pensar, rutinas, al punto que, en algunos casos, la persona no se vuelve a sentir completamente feliz ni en el país de origen ni en el de destino.

—Conservar el documento migratorio de entrada que certifique que entró legalmente al país. Muchos acostumbran enviar el pasaporte de vuelta con terceros al país de origen para que se los sellen como si ya hubieran regresado, y pagan para que les hagan esto. Pero, si luego se quieren legalizar, no tienen cómo demostrar que su entrada al país fue legal. Los que entran ilegalmente no obtienen algunos beneficios como, por ejemplo, legalizarse por matrimonio con un ciudadano estadounidense.

—Sacar matrícula consular en la representación diplomática del país de origen en el país de destino. Cuando los inmigrantes se ven en problemas, solucionarlos toma mucho más tiempo si no están registrados en sus respectivos consulados y actualizados con la normatividad vigente de sus respectivos países. No desconectarse por completo del país de origen.

—Aprenda el idioma del país de destino, practíquelo aunque lo hable mal y estúdielo para perfeccionarlo. Esto le ayudará a entender mejor la cultura, a conseguir mejores empleos y a ser aceptado. Hay sitios, como iglesias y organizaciones, que ofrecen cursos gratuitos o a muy bajo precio.

—Conservar en buen nivel el idioma del país de origen hace que los hijos, nacidos o no en el país de destino, hablen bien el idioma de su cultura original. Esto abrirá más puertas y dará ventajas a la hora de conseguir empleo, o de regresar al país de origen.

—Cumplir siempre las leyes y normas del país de destino. Olvídese de la llamada malicia indígena, en tan buen concepto en los países latinoamericanos. No creer que se puede aplicar el modelo de vivir a la nueva sociedad. Es necesario aprender una nueva urbanidad.

—Ahorrar. Para que en el momento de tener un problema o de querer regresar sea posible hacer frente a las necesidades.

—No provocar adversidades. Si no se tiene licencia de conducir y se sabe que la policía de tránsito tiene facultades de policía de inmigración, no salga manejando a la calle. En estados donde se han presentado crímenes de odio por racismo, evitar andar solos y en la oscuridad, tratar de mimetizarse entre la gente local, incluso variando la forma de vestir, peinarse, caminar y hablar.

Qué no hacer

—Emigrar ilegalmente. Buscar siempre la vía legal, hay muchos tipos de visa. Consultar con abogados especializados, pero también hacer investigación propia con gente que ya haya emigrado, con información de las páginas de internet oficiales de los gobiernos.

—Dar nombres falsos o usar papeles de trabajo falsos. Que a algún conocido le haya ido bien haciendo eso no garantiza que a usted le irá bien. Las consecuencias pueden ser desastrosas.

—Creer lo que le dicen por ahí. Mucha gente cree en mitos como que luego de estar diez años sin documentación legal en los Estados Unidos, automáticamente adquiere un permiso de trabajo. Lo máximo que se hace es cancelar la deportación de personas luego de que lleven diez años viviendo en el país, siempre y cuando se considere que su deportación causaría mucho sufrimiento a su familia.

—Creer que, inevitablemente, emigrar conducirá a una vida mejor. Es mejor tener expectativas moderadas y siempre tener un plan para regresar.

—Callarse. Aunque las autoridades persiguen la inmigración ilegal, estos migrantes también tienen derechos y protecciones especiales. Por ejemplo, las personas indocumentadas que sean víctimas o testigos de un delito y que lo denuncien y colaboren en la captura de los responsables se pueden acoger a la visa U que abre el camino a la residencia.

—Abandonar a los hijos. En países como Ecuador hay poblaciones donde el setenta por ciento de sus habitantes está compuesta de jóvenes y niños con sus abuelos. Los estudios que ha hecho la Secretaría Nacional del Migrante de esta situación le llevan a deducir que el cheque que reciben esos abuelos no compensa las cenas de navidad y cumpleaños de esos niños lejos de sus padres. El fenómeno deriva en otra problemática: los jóvenes que reciben remesas no quieren seguir estudiando y su único deseo para cuando crezcan es ser migrantes.

—Ignorar la cultura del país al que se llega. Hay que estudiar las costumbres del país que acoge con o sin gusto al inmigrante. Conocer cuáles son los patrones de ruido que tolera, de vestuario, de comportamiento en público, de trato a las personas, de relacionarse en el trabajo e íntimamente. Una pareja de guatemaltecos con los que no tuve éxito después de insistirles hasta el cansancio que me contaran su historia tuvo que vivir un año y medio separada, debido a que él era mayor de edad y ella menor. La relación era delictuosa a ojos de las autoridades estadounidenses y, de no ser por la intermediación del consulado que tramitó el papeleo para que desde Guatemala los padres y el gobierno enviaran certificaciones de la legalidad y aprobación de esa unión desigual, la pareja, aun teniendo hijos en común, todavía estaría separada. Ella en un hogar para menores de edad y él sin posibilidad tan siquiera de visitarla.

—No venda todas las propiedades que tiene, solo lo necesario para cubrir sus gastos, deje sus reservas en su país de origen. Si se regresa es mejor tener algo que le produzca una renta o se le valorice que no tener nada. La decisión definitiva de emigrar y vivir permanentemente en otro país se toma y se confirma solo luego de vivir por muchos años en ese país.

Apéndice

Visas a Estados Unidos

Extracto de la página www.univision.com

Las visas se dividen en visas de Inmigrante, para los que se van de forma permanente, o de no inmigrante, para quienes se van de forma temporal.

Las visas de inmigrante o *Green Card* se adquiere por petición de nuestros familiares (ciudadanos de los Estados Unidos o Residentes). Por petición de un empleador, por Inversión por medio del Programa EB5, o por Petición de asilo político o refugio.

La inmigración por lazos familiares se divide en cuatro categorías de preferencia y familiares directos de ciudadanos de los Estados Unidos. Los familiares directos de ciudadanos de los Estados Unidos son padres, hijos menores de veintiún años y cónyuge. Esta categoría no está sujeta a ningún límite, y las visas siempre están disponibles para quienes estén en esta categoría.

- La primera preferencia de familia es para hijos de ciudadanos estadounidenses mayores de veintiún años que no estén casados.
- La preferencia de familia 2A es para cónyuges e hijos solteros de menos de veintiún años.
- La preferencia de familia 2B es para hijos de residentes permanentes solteros y mayores de veintiún años.

- La tercera preferencia de familia es para hijos casados de ciudadanos norteamericanos de cualquier edad.
- La cuarta y última preferencia de familia es para hermanos y hermanas de ciudadanos norteamericanos.

Visas de No inmigrante:

De la "tipo A" a la "tipo C"

	Las distintas categorías de visa para entrar y permanecer en Estados Unidos son:
Visa tipo A.	Para diplomáticos, empleados de misiones diplomáticas, familiares de diplomáticos y empleados domésticos de funcionarios diplomáticos.
Visa A-1.	Para embajadores o funcionarios diplomáticos de carrera y sus familiares inmediatos o directos (cónyuges e hijos)
Visa A-2.	Para uso de otros empleados o funcionarios de gobiernos extranjeros (secretarios de embajadas o agregados) que no califiquen para la visa A-1 y sus familiares inmediatos.
Visa tipo A-3.	Para personal empleado por portadores de visas tipo A-1 y A-2, tales como ayudantes o personal doméstico y familiares inmediatos.
Visa tipo B.	Para visitantes por negocios o turistas.
Visa B-1.	Para visitantes temporales por razones de negocios. Incluye a comerciantes o representantes de empresas que viajan a Estados

	Unidos con propósitos de hacer ventas, asistir a reuniones o conferencias de negocios.
Visa B-2.	Para turistas, extranjeros que ingresan a Estados Unidos por vacaciones o viaje de placer. No permite trabajar ni cursar estudios. La B-2 también se otorga a personas que viajan por tratamiento médico.
Visa tipo C.	Para pasajeros en tránsito por Estados Unidos. (Ya sea de paso por un aeropuerto o un puerto marítimo)
Visa C-1.	Para cualquier extranjero que toque un puerto de entrada (marítimo o aéreo) en Estados Unidos.
Visa C-1D.	Visa combinada de diplomáticos, altos funcionarios de gobiernos extranjeros y tripulantes en tránsito por Estados Unidos. Visa C-2. Para personal de gobiernos extranjeros en tránsito y sus familiares inmediatos. Visa C-3. Para empleados contratados por diplomáticos o funcionarios de gobiernos y organismos internacionales portadores de visa tipo C-1 y C-2 en tránsito y sus familiares inmediatos.

De la "tipo D" a la "tipo F"

Visa tipo D.	Para miembros de tripulación aérea o marítima.
Visa D-1.	Para tripulantes de aviones o barcos (pilotos, aeromozas, sobrecargos y marinos) que requieren permanecer de manera temporal en

Estados Unidos para partir en un tiempo breve en el mismo avión o barco.

Visa tipo DV. Para ganadores de la Lotería de Visas. El sorteo es dirigido por el Centro Nacional de Visas del Departamento de Estado. En el último sorteo, activado en octubre de 2006, se enviaron más de seis millones de solicitudes. El sorteo distribuye 55 000 visas.

Visa tipo E. Para inversionistas y/o comerciantes de países que han firmado tratados comerciales con Estados Unidos.

Visa E-1. Para personal de empresas que desarrollen actividades comerciales de importación y exportación entre Estados Unidos y el país con el que existe un acuerdo comercial. Incluye a familiares directos del portador de la visa.

Visa E-2. Para personal que desarrolle o haga investigaciones significativas en Estados Unidos por parte de una empresa o compañía del país con el que existe un acuerdo comercial.

Visa EB-1. Para extranjeros con habilidades extraordinarias, profesores destacados, investigadores y ejecutivos. Estas personas generalmente tienen ofertas de trabajo, pero deben demostrar que ningún ciudadano americano podrá desempeñar ese trabajo tan bien como ellos. En el caso de demostrar que su residencia es de interés nacional, los requerimientos para la oferta de trabajo y el certificado de labor son suspendidos.

Visa EB-2. Para trabajadores con grados avanzados o excepcionales habilidades en las ciencias, artes o negocios. Estas personas, generalmente, tienen ofertas de trabajo, pero deben demostrar que ningún ciudadano americano puede desempeñar ese trabajo. En el caso de demostrar que su residencia es de interés nacional, los requerimientos para la certificación pueden ser suspendidos.

Visa EB-3. Para ciertos profesionales y trabajadores calificados.

Visa tipo EB-4. Para trabajadores religiosos, ministros y trabajadores religiosos.

Visa EB5. Bajo la ley de inmigración de 1990, cada año se otorgan hasta 10 000 visas para inversionistas que generan empleo a diez personas. Inversionistas bajo este programa invierten al menos 500 000 dólares en áreas rurales o zonas de desempleo.

Visa tipo F. Para los extranjeros que desean estudiar o investigar en un centro de enseñanza superior en Estados Unidos. Esta visa tiene una duración igual al tiempo estimado que tomará el programa de estudios. Los portadores de esta visa podrán viajar y permanecer en territorio estadounidense en compañía de sus familiares directos (cónyuges e hijos), a quienes se les otorgan las visas F-2. Sin embargo, los acompañantes no podrán trabajar durante su estadía.

Visa F-1. Para estudios académicos o de idiomas. Se otorga a extranjeros que deseen realizar

	estudios en una universidad, un instituto de educación superior o una escuela de idiomas.
Visa F-2.	Familiares inmediatos (cónyuge e hijos de F-1)

De la "tipo G" a la "tipo J"

Visa tipo G.	Para trabajadores de gobiernos u organizaciones internacionales.
Visa G-1.	Para representantes de gobiernos que trabajan en organizaciones internacionales cuya sede se encuentra en Estados Unidos, tal como, por ejemplo, la Organización de Naciones Unidas (ONU), Organización de Estados Americanos (OEA), Banco Mundial (BM), Fondo Monetario Internacional (FMI), Cruz Roja Internacional, etc. Incluye a los miembros del personal del portador de la visa y sus familiares directos (cónyuge e hijos).
Visa G-2.	Para otros trabajadores de gobiernos que trabajan en organizaciones internacionales, tales como representantes acreditados de gobiernos y sus familiares, quienes se incorporarán al trabajo de un organismo internacional cuya sede se ubica en Estados Unidos.
Visa G-3.	Para representantes o delegados de gobiernos que no pertenecen a organismos internacionales, pero que viajan a Estados Unidos para asistir a eventos o actividades de organismos mundiales. Cubre a familiares directos (esposa e hijos).

Visa G-4.	Para funcionarios de organismos internacionales cuya sede se ubica en Estados Unidos y sus familiares directos.
Visa G-5.	Para personal de apoyo o servicio (y sus familiares directos) de todos los funcionarios poseedores de visas tipo G.
Visa tipo H.	Para Trabajadores temporales.
Visa H1-A.	Para enfermeras registradas y con licencia para ejercer en Estados Unidos.
Visa H1-B.	Para trabajadores profesionales. Estados Unidos otorga cada año fiscal 65 000 de estas visas. Las modelos profesionales pueden solicitar estas visas. Para el año fiscal 2005, que vence el 30 de septiembre, el Congreso autorizó una cuota adicional de 20 000 visas para profesionales graduados con una maestría en Estados Unidos, de las cuales al menos 10 000 están disponibles en el servicio de inmigración.
Visa H1-C.	Para enfermeros.
Visa H2-A.	Para trabajadores agrícolas de temporada de cosecha.
Visa H2-B.	Para trabajadores agrícolas en cualquier época del año.
Visa H3.	Para trabajadores en práctica o entrenamiento que no sean médicos o académicos. Esta clasificación también corresponde a entrenamiento práctico en la educación de niños discapacitados. La visa H-3 permite al

	individuo recibir adiestramientos que no estén disponibles en su país de origen.
Visa H-4.	Para familiares directos (cónyuge e hijos menores de veintiún años solteros) de cualquier portador de una visa tipo H.
Visa tipo I.	Para representantes de medios de comunicación internacionales (incluye corresponsales de prensa extranjera acreditados en Estados Unidos).
Visa tipo J.	Para personas que viajan a Estados Unidos con el propósito de realizar estudios académicos como visitante de intercambio educativo y cultural, o entrenarse como parte de un programa de intercambio reconocido oficialmente por el gobierno estadounidense.
Visa J-1.	Para el estudiante o visitante de intercambio.
Visa J-2.	Para familiares directos (cónyuges e hijos) de un portador de visa J1.

De la "tipo K" a la "tipo O"

Visa tipo K.	Prometidos (novios) o prometidas (novias) y cónyuges de ciudadanos estadounidenses casados en el extranjero.
Visa K-1.	Para el novio o la novia de un ciudadano estadounidense que viaja a Estados Unidos con el propósito de contraer matrimonio.
Visa K-2.	Hijos del portador de una visa tipo K-1, menores de veintiún años y solteros.

Visa tipo L. Para transferencia de ejecutivos de compañías extranjeras con sede o sucursal en Estados Unidos. Solo califican aquellos que llevan al menos un año en el extranjero y que serán empleados por una rama, afiliada o subsidiaria de la misma empresa en los Estados Unidos, en la cual desempeñarán una función gerencial, ejecutiva o que requiera conocimiento especializado.

Visa L-1. Para el empleado de la compañía que fue transferido a Estados Unidos.

Visa L-2. Para los familiares directos o inmediatos (esposa e hijos menores de veintiún años) del portador de una visa L-1.

Nota: En una reciente modificación del reglamento que rige esta categoría se permite que el cónyuge de un portador de visa L-1, y que posea el correspondiente status de L-2 o acompañante, puede ser autorizado a trabajar. Aunque las visas L-1 fueron creadas para transferencias entre compañías, representan también una posibilidad para dueños de pequeños negocios, quienes deberán patrocinar su propia visa y la de sus empleados. Sin embargo, al tratarse de una visa de trabajo temporal, la compañía, por pequeña que sea, deberá demostrar que está preparada para asumir retos financieros, que pagará sus impuestos y que es estable económicamente.

Visa tipo M. Para estudiantes de idiomas y de formación profesional. Estudios no académicos o vocacionales.

Visa M-1. Para los extranjeros que buscan cursar estudios vocacionales (no-académicos) o en áreas de oficios de trabajo que requiere el mercado laboral. El estudiante estará limitado a tomar las clases únicamente en la institución específica que aprobó la solicitud y jamás se permite el cambio de carrera o área de estudio. En la mayoría de los casos, los estudiantes sólo pueden trabajar dentro de la universidad o como parte de un programa de entrenamiento práctico o pasantía. El permiso sólo es válido por un año (doce meses). El portador de una visa M-1 puede salir y entrar de Estados Unidos y permanecer en el país en compañía de sus familiares directos.

Visa M-2. Para los familiares inmediatos (cónyuge e hijos menores de edad) de un portador de visa M-1.

Visa tipo N. Para empleados (por lo general uniformados) que forman parte de la Organización del Tratado del Atlántico Norte (NATO). Los portadores (y sus familiares) viajan a Estados Unidos bajo las previsiones respaldadas por el gobierno de Washington.

Visa NATO 1, 2, 3, 4 y 5. Para uniformados que integran la organización.

Visa NATO 6. Para miembros de los componentes civiles que pertenecen a la NATO (y sus familiares directos) que acompañan a las fuerzas militares en misiones autorizadas bajo el acuerdo.

Visa NATO-7. Para personal de apoyo y empleados personales de los poseedores de visas NATO y sus familiares directos (esposas e hijos).

Visa tipo O. Para extranjeros con habilidades extraordinarias.

Visa O-1. Para personas que tengan una habilidad extraordinaria en el campo de las artes, ciencias, educación, negocios o deportes, o que hayan obtenido extraordinarios desempeños en el campo televisivo o de cine.

Visa O-2. La clasificación O-2 corresponde a quienes acompañen a personas que asistan o se desempeñen en algún evento artístico o deportivo.

De la "tipo P" a la "tipo S"

Visa tipo P. Para atletas, grupos de entretenimiento (tales como orquestas) y personal de apoyo.

Visa P-1. Para atletas individuales, miembros de un equipo o miembros de un grupo de variedades que sea internacionalmente reconocido. El gobierno otorga 25 000 de estas visas por año.

Visa P-2. Para artistas que viajan a Estados Unidos bajo un programa de intercambio recíproco.

Visa P-3. Para artistas que se desarrollen bajo un programa que sea culturalmente único y que tenga reconocimiento internacional.

Visa P-4. Para familiares directos (cónyuges e hijos) de portadores de una visa tipo P.

(Notas: Las regulaciones vigentes señalan que los artistas extranjeros o profesionales de la industria del entretenimiento que deseen visitar a Estados Unidos en forma temporal para actuar o hacer presentaciones en su especialidad, deben contar con la visa apropiada o Visa tipo P. Esta regulación rige sin importar si las presentaciones del o los artistas se lleven a cabo en lugares públicos o privados, y sin importar el monto de los ingresos que vayan a percibir por esos servicios.

El término artista o de profesionales de la industria del entretenimiento no solo comprende a personas que efectúan la presentación o función como actores, músicos, cantantes y bailarines, sino que también incluye a los técnicos como electricistas, maquilladores, integrantes de equipos de filmación, etc.

Con algunas excepciones, un artista o profesional de la industria del entretenimiento puede utilizar una visa B-1 para viajar a los Estados Unidos a cumplir una actuación profesional, siempre que:

Viaja sólo a participar en una presentación cultural auspiciada por el gobierno de su país.

Si se presenta ante una audiencia que no ha pagado para asistir a la función.

Siempre que todos los gastos, incluyendo los viáticos, sean pagados por el gobierno de su país, o

Si viaja a Estados Unidos para participar en una competencia que no tenga otra remuneración (monetaria o de otro tipo) que el premio y los gastos.

La tramitación de este tipo de visa puede demorar hasta seis meses. La sección consular no puede emitir una visa P si no cuenta con la autorización del departamento (ministerio) de Seguridad Nacional (DHS) en el formulario I-797).

Visa tipo Q. Para visitantes por intercambio cultural.

Visa Q-1. Para visitantes que participan en un programa de intercambio cultural. La clasificación corresponde a participantes en un programa cultural internacional con el propósito de otorgar entrenamiento práctico, trabajo e intercambio cultural, histórico y de tradiciones del país de origen del extranjero.

Visa Q-2. Para familiares inmediatos (cónyuge e hijos) del portador de una visa Q-1.

Visa tipo R. Para extranjeros que viajen a Estados Unidos para laborar en una organización de tipo religioso. Se incluyen ministros autorizados por una congregación reconocida para conducir oficios y desarrollar otras tareas usualmente desarrolladas por miembros del clérigo, tales como administrar los sacramentos o sus equivalentes. El término no aplica a predicadores. Una vocación religiosa implica llevar una vida basada en la religión, evidenciada a través de un compromiso de vida, como por ejemplo tomar votos (monjas, monjes, hermanos y hermanas) o una actividad que involucre y se relacione con el desarrollo de una vida religiosa tradicional (trabajadores litúrgicos, instructores de cantos religiosos, catequistas, trabajadores en un hospital religioso, misioneros, traductores religiosos o difusores religiosos).

Visa R-1. Para el religioso.

Visa R-2. Para los familiares inmediatos del religioso (Cónyuge e hijos menores de edad del portador de una R-1).

De la "tipo S" a la "humanitaria"

Visa tipo S. Para informantes en casos penales ventilados en Estados Unidos.

Visa S-1. Para personas cuya declaración es fundamental para investigaciones penales en Estados Unidos. Los portadores de esta visa viajan para ofrecer información a las autoridades y se determina que su presencia en el país es imprescindible para el éxito de la investigación y del proceso judicial.

Visa S-2. Para personas que poseen información fundamental para un juicio. Los solicitantes de esta visa ofrecerán declaración a una corte y sus vidas corren peligro por las declaraciones que brindarán. También son elegibles a recibir una compensación por su aporte.

Visa S-3. Para familiares directos (esposa e hijos) de portadores de visa S1 y S2.

Visa tipo T. Para víctimas del tráfico internacional de personas. Esta categoría de visa fue creada en 2000, cuando el Congreso aprobó la Ley de Protección de las Víctimas de la Trata de Personas (TVPA). Permite que las víctimas de trata de personas puedan permanecer en Estados Unidos durante tres años con un permiso de trabajo y con acceso a beneficios y servicios que ofrece el Departamento de Salud y Servicios Sociales. La Visa T es destinada a personas que han sufrido daños severos. Al terminar los tres años, el portador de una visa T puede solicitar la residencia permanente. Estados Unidos puede otorgar hasta 5 000 visas tipo T cada año fiscal.

Visa tipo TN o TLC. Para mexicanos y canadienses. Fueron creadas en 1994 cuando México, Canadá y Estados Unidos firmaron un Tratado de Libre Comercio. La Visa TN es una visa de trabajo temporal. El gobierno de EU publicó una lista donde detalla las profesiones que califican para esta visa. Los familiares directos (cónyuge e hijos menores de veintiún años solteros) del portador de una visa tipo TN reciben una visa derivada, pero no tienen permiso de trabajo. Las visas TN se pueden renovar indefinidamente. La validez del permiso está directamente relacionada con la fecha de contrato o la oferta de empleo de una empresa estadounidense. Los ciudadanos canadienses solo requieren el Formulario I-94 como autorización de empleo, pero los mexicanos requieren gestionar un permiso por medio del Formulario I-797. Sin embargo, no requieren la forma o tarjeta EAD, que se le entrega al resto de extranjeros a quienes se les permite trabajar en el país.

El TPS ó (*Temporary Protection Status*). Estatus de Protección Temporal. Aunque no se trata de un documento estampado en un pasaporte, es un permiso de estadía legal en Estados Unidos. El TPS es un amparo provisional que el gobierno de Washington concede a ciudadanos cuyos países se encuentran en guerra o han padecido algún tipo de desastre natural. El beneficio otorga por tiempo limitado estatus legal de permanencia a indocumentados, permiso de trabajo y detiene las órdenes de deportación. Actualmente, unos 340 000 salvadoreños, hondureños y nicaragüenses están protegidos por este permiso.

Visa tipo U. Para víctimas del abuso doméstico o infantil. Incluye a víctimas de tráfico humano que no han sufrido daños críticos. La visa tiene una duración de tres años. Al terminar el tiempo, el portador puede solicitar la residencia permanente.

Visa tipo V. Para cónyuges o hijos menores de residentes permanentes que están esperando sus tarjetas de residencia (*Green card* o tarjeta verde).

Visa Waiver. Programa Waiver permite que ciudadanos de veintiséis países de Europa ingresen sin visa a Estados Unidos. Los beneficiarios pueden permanecer hasta un máximo de noventa días en el país, al término de los cuales deben marcharse. Los países del programa fueron elegidos por el Departamento de Estado, porque cada año envían a un gran número de hombres de negocio en viajes comerciales de corta duración. Ningún país de América Latina recibe este beneficio.

Visa Humanitaria. (*Humanitarian Parole*) Esta visa es otorgada por decisión del Procurador General de Justicia de Estados Unidos. Es un permiso condicional, una medida extraordinaria usada para admitir en Estados Unidos, de manera temporal y por razones de emergencia, a alguien que de otra forma sería inadmisible. El Permiso Condicional Humanitario puede ser solicitado solo por personas que se encuentren fuera de Estados Unidos.

 Planeta

España
Av. Diagonal, 662-664
08034 Barcelona (España)
Tel. (34) 93 492 80 00
Fax (34) 93 492 85 65
Mail: info@planetaint.com
www.planeta.es

Paseo Recoletos, 4, 3.ª planta
28001 Madrid (España)
Tel. (34) 91 423 03 00
Fax (34) 91 423 03 25
Mail: info@planetaint.com
www.planeta.es

Argentina
Av. Independencia, 1668
C1100 Buenos Aires
(Argentina)
Tel. (5411) 4124 91 00
Fax (5411) 4124 91 90
Mail: info@eplaneta.com.ar
www.editorialplaneta.com.ar

Brasil
Av. Francisco Matarazzo,
1500, 3.º andar, Conj. 32
Edificio New York
05001-100 São Paulo (Brasil)
Tel. (5511) 3087 88 88
Fax (5511) 3087 88 90
Mail: ventas@editoraplaneta.com.br
www.editoriaplaneta.com.br

Chile
Av. 11 de Septiembre, 2353, piso 16
Torre San Ramón, Providencia
Santiago (Chile)
Tel. Gerencia (562) 652 29 43
Fax (562) 652 29 12
www.planeta.cl

Colombia
Calle 73, 7-60, pisos 7 al 11
Bogotá, D.C. (Colombia)
Tel. (571) 607 99 97
Fax (571) 607 99 76
Mail: info@planeta.com.co
www.editorialplaneta.com.co

Ecuador
Whymper, N27-166,
y Francisco de Orellana
Quito (Ecuador)
Tel. (5932) 290 89 99
Fax (5932) 250 72 34
Mail: planeta@access.net.ec

México
Masaryk 111, piso 2.º
Colonia Chapultepec Morales
Delegación Miguel Hidalgo 11560
México, D.F. (México)
Tel. (52) 55 3000 62 00
Fax (52) 55 5002 91 54
Mail: info@planeta.com.mx
www.editorialplaneta.com.mx
www.planeta.com.mx

Perú
Av. Santa Cruz, 244
San Isidro, Lima (Perú)
Tel. (511) 440 98 98
Fax (511) 422 46 50
Mail: rrosales@eplaneta.com.pe

Portugal
Planeta Manuscrito
Rua do Loreto, 16-1.º Frte.
1200-242 Lisboa (Portugal)
Tel. (351) 21 370 43061
Fax (351) 21 370 43061

Uruguay
Cuareim, 1647
11100 Montevideo (Uruguay)
Tel. (5982) 901 40 26
Fax (5982) 902 25 50
Mail: info@planeta.com.uy
www.editorialplaneta.com.uy

Venezuela
Final Av. Libertador con calle Alameda,
Edificio Exa, piso 3.º, of. 301
El Rosal Chacao, Caracas (Venezuela)
Tel. (58212) 952 35 33
Fax (58212) 953 05 29
Mail: info@planeta.com.ve
www.editorialplaneta.com.ve

Grupo Planeta   Planeta es un sello editorial del Grupo Planeta   www.planeta.es

331.62097 P153 VIN
Palacios, Claudia,
-+Te vas, o te quedas? :historias
 para leer antes de cruzar la fronter

VINSON
09/14